Horst Kraemer

Soforthilfe bei Stress und Burn-out

Horst Kraemer

SOFORTHILFE

bei Stress und Burn-out

- Neue Energie in wenigen Tagen
- Coaching mit Neuroimagination
- Strategien der Vorbeugung

Kösel

FSC
www.fsc.org
MIX
Papier aus verantwortungsvollen Quellen
FSC® C014496

Verlagsgruppe Random House FSC-DEU-0100
Das FSC®-zertifizierte Papier *Pamo Sky* für dieses Buch
liefert Arctic Paper Mochenwangen GmbH.

3. Auflage 2010

Umschlag: Monika Neuser, München
Umschlagmotiv: Keres/Helga Lade
Illustrationen: Mathias Hütter, Schwäbisch Gmünd
Druck und Bindung: GGP Media GmbH, Pößneck
Printed in Germany
ISBN 978-3-466-30883-5

www.koesel.de

Inhalt

Vorbemerkung

»Es gibt keinen Grund, dass ein Mensch wegen Burn-out länger als fünf Tage außerhalb seiner Kraft sein muss.«

Mit diesem Satz provoziere ich gerne zu Beginn meiner Vorträge zu diesem Thema. Und ich stehe dazu: Es ist möglich, seine mentale Fitness innerhalb von fünf Tagen wiederzuerlangen. Konzentrationsfähigkeit, Wahrnehmungsgenauigkeit und Denkfähigkeit als Grundlage der eigenen Urteilskraft zurückzugewinnen, ist aber nur die Grundvoraussetzung, den Burn-out-Zustand selbst zu beurteilen und entsprechende Maßnahmen selbstbestimmt einzuleiten. Wenn diese Grundlage geschaffen ist, geht die Arbeit erst richtig los: Es gilt herauszufinden, was dazu geführt hat, dass das persönliche Stresssystem eine Zwangspause für den ganzen Organismus eingelegt hat. Dabei darf kein einziger Lebensbereich ausgespart bleiben. Dies ist dringend nötig, um zu verhindern, dass das Stresssystem den Pausenmodus gleich wieder einstellt – also der Knock-out-Zustand wieder schneller da ist, als er gegangen ist. Insofern sind die erwähnten fünf Tage nur der Beginn, nach dem man seine Symptome wieder beeinflussen lernt und dann auch steuern kann.

Der Prozess der Selbsterkenntnis ist in diesen fünf Tagen oft schon eingeleitet, die notwendigen Veränderungen brauchen jedoch ihre Zeit. Wenn jemand durch geeignete Methoden, wie hier in diesem Buch eine vorgestellt wird, innerhalb von kurzer Zeit wieder einen klaren Kopf und somit über volle mentale Kraft verfügt, muss diese genutzt werden. Genutzt, um die ganze Lebensführung mit den zugrunde liegenden Haltungen zu überprüfen. Mit einer Methode nur die Stressbelastungsgrenze auszudehnen, funktioniert nicht wirklich – und verschiebt das Problem in die Zukunft. Meist werden die Symptome dadurch noch schlimmer. So geschieht es bei meiner Arbeit mit Burn-out-Betroffenen sehr häufig, dass ich mir erst ein ernsthaftes Versprechen geben lasse, eine ganzheitliche Analyse durchzuführen und an den entsprechenden Themen arbeiten zu dürfen, bevor ich mit dem Entstressungsprogramm überhaupt beginne.

Das persönliche Erleben des Burn-out

Warum fühle ich mich berufen, meine Gedanken in das vorliegende Buch einzubringen? Die Beschäftigung mit Burn-out hat für mich zwei wesentliche Komponenten. Die eine hat mit meiner langjährigen Tätigkeit als Therapeut und den damit gewonnenen Erfahrungen zu tun, die andere ist von sehr persönlichen Vorgängen geprägt.

Zuerst jene Vorgänge, die mit meinem Beruf zusammenhängen. Es ist nun rund zwölf Jahre her, dass ich das, was wir heute als Burn-out bezeichnen würden, erstmals klar und deutlich in meiner neu eröffneten Praxis erlebte: Ein Lehrer wurde von einer guten Freundin begleitet und fast durch die Praxistür geschoben; es fehlte ihm völlig an eigenem Antrieb, selbst das Laufen wurde ihm zur unendlichen Qual. Darauf hatte mich meine Ausbildung nicht vorbereitet – die Realität hatte mich als Fachperson kalt erwischt.

Aber hinter dem Nebel dieser trüben Lebenserscheinung eines völlig in Untätigkeit versunkenen Menschen war diese Person erkennbar – schwer, aber immerhin doch so, dass sie mir in ihrem Wesen wieder bekannt vorkam. Der Blick der Augen, getrübt und verwässert, zeigte mir ein sehr ähnliches Bild, wie ich es von meiner Arbeit mit schwer traumatisierten Menschen her kannte. Und auch die mühsame Befragung des Mannes ergab, dass seine Symptome zum Teil extrem den Erscheinungsformen traumatisierter Patienten ähnelten.

Schon damals lag die Hypothese nahe, dass wir es bei diesem Burn-out-Bild mit einer zumindest ähnlichen neurobiologischen Wirkung der Gehirnprozesse zu tun haben, wie wir sie auch bei durch schlimme Ereignisse traumatisierten Menschen kennen. Meine Neugier war geweckt und ich konnte dann in diesem und in etlichen anderen Fällen mit der eigentlich für Traumatisierungen entwickelten Entstressungsmethode *Neuroimagination* (sie wird später ausführlich erläutert) relativ schnell einen Zugang zu den Ressourcen begünstigen.

Als dann eine 28-jährige Jungmanagerin zu mir kam, die im Zuge der großen Internethausse bereits in jungen Jahren zu enormem Erfolg gekommen war und von ihrem Hausarzt wegen Burn-out zu mir geschickt wurde, konnte ich aus diesen Erfahrungen heraus ein echtes Burn-out-Konzept entwickeln und anwenden. Die Wirkung war verblüffend: Die Arbeitsfähigkeit der jungen Frau konnte trotz schlechter Ausgangssituation innerhalb von zwei Wochen wiederhergestellt werden.

Mit der Zeit sprach sich der von mir vermittelte Ansatz herum. Immer häufiger wurden Menschen, deren Lebensdramatik nur mit Burn-out beschrieben werden konnte, von ihren Vorgesetzten oder Personalabteilungen zu mir ins Burn-out-Coaching geschickt. Und so entwickelte sich für mich die Arbeit mit Burn-out-betroffenen Menschen zu einer sehr befriedigenden Tätigkeit. Die recht schnell eintretenden positiven Resultate meiner Arbeit empfand ich persönlich als außerordentlich motivierend und bereichernd. Unser Ansatz, uns mit dem Ressourcenzugang auf neurobiologischer Ebene zu beschäftigen und unsere Gegenüber nicht als Patienten, sondern als Kunden zu begreifen, zeitigte große Erfolge. Wir hatten und haben es in der Regel mit hoch motivierten Kunden zu tun, die selbstständig die Trainings durchführen und mit der ihnen gewohnten Leistungs- und Verantwortungsbereitschaft ihr Leben wieder in die Balance bringen.

Und eigentlich hätte ich damit in meiner Coachingpraxis gut so weiterarbeiten können, ohne mir viele Gedanken zu machen. Aber die Herausforderungen wuchsen mit dem Erfolg. Immer mehr Menschen wollten die Methode erlernen, mit der wir arbeiteten. In relativ kurzer Zeit hatte ich die Verantwortung für insgesamt sechs Ausbildungsgruppen übernommen. Zeitgleich kam die Entdeckung hinzu, dass die Entstressungsmethode Neuroimagination auch bei Unfallopfern, die unter dem Begriff »Schleudertrauma« bis dahin als unheilbar und schwer erkrankt galten, erfolgreich sein kann. Diese Entdeckung stellte mein Leben in kürzester Zeit auf den Kopf. Nachdem ich mich von den Dimensionen überzeugt hatte (mindestens 230 000 Menschen im deutschsprachigen Raum leiden pro Jahr chronifiziert ohne Chance auf Verbesserung unter den Folgen von Verkehrs- und anderen Unfällen), begann ich im Mai 2003 mit der Partner- und Investorensuche zur Realisation unseres Coachingkonzeptes, das ich zusammen mit einer Forschergruppe seit 1999 entwickelt hatte.

Damit ging der erste – berufliche – Themenkreis rund um das Burn-out in einen zweiten, sehr persönlichen, über. Aus all diesen Initiativen entstand die Brainjoin-Gruppe, die das Konzept der Neuroimagination, basierend auf den drei Säulen von Forschung, Lehre sowie Anwendung und Qualitätssicherung, professionell betreibt. Und ich kam quasi über Nacht dazu, ein Beratungsunternehmen zu gründen, zu führen und das dazu nötige Wachstum zu organisieren. Dies alles wurde durch die Ergebnisse und vor allem dem wachsenden Team von Menschen, die sich der Idee mit hohem ideellem Engagement verschrieben hatten, zu einer ungemein freudvollen Aufgabe.

Was hat das alles mit dem Thema »Burn-out« zu tun? Nun, im Sommer 2008 fand ich endlich Zeit zu einem Arztbesuch, nachdem ich drei Wochen lang zunehmend Schmerzen im Bauch verspürt hatte. Das Ergebnis: Ich hatte einen Niereninfarkt, und meine Leberwerte waren auch bedenklich. Da ich mich bezüglich Stress fachlich auf der Höhe zu befinden schien, war mir recht schnell klar, dass eine Gefäßverengung auch in den Nieren nicht ohne eine Adrenalinüberproduktion erfolgen konnte. Ein Gespräch mit meinem persönlichen Coach und die erste tatsächliche Auszeit seit 2003 brachten mich dazu, mich ein wenig realistischer als in den vergangenen Jahren mit mir selbst zu beschäftigen – mit einem erschreckenden Ergebnis:

Mein Körper zeigte irreparable Schäden an der Niere. Ich hatte 19 Kilogramm zugenommen. Körperliche Bewegung mied ich, mein Fahrrad trug noch die Versicherungsvignette von 2003. Meine Ehe war unter diesen Belastungen zerbrochen und die Scheidung vollzogen, wenn auch im beidseitigen Einvernehmen – doch was heißt das schon: Es ist ein persönliches Drama. Ich schlief durchschnittlich vier Stunden pro Tag. Ich frühstückte nicht, aß dafür abends später als 20.30 Uhr meist in Restaurants. 98 Prozent aller Anrufe waren geschäftlicher Natur. Persönliche Freunde hatten es aufgegeben, mich zu erreichen, freuten sich Gott sei Dank aber noch, wenn ich mich meldete.

All mein Expertentum hatte mir die ganze Zeit lediglich dabei geholfen, mich mental arbeitsfähig zu halten und Höchstleistungen zu erbringen. Aber es hinderte mich paradoxerweise, richtig für mich, meinen Körper und für meine sozialen Kontakte zu sorgen. Also musste ich mir zugestehen, dass mein Körper mir jetzt die Grenzen zeigte, die ich selbst nicht sehen wollte. All die warnenden Stimmen, die ich überhört hatte, wurden nun von meinem Körper mit einer einzigen Botschaft untermauert: »Ich mache nicht mehr mit.«

Es gab keine Alternative: Ich zog die Notbremse und konnte, nachdem ich Hunderten anderer Menschen gezeigt hatte, wie sie erfolgreich dem Stress vorbeugen, mich selbst erst einmal entstressen. Im nächsten Schritt lag es an mir, meine Haltung zu mir, meinem Beruf und zu meiner Lebensführung zu ändern. Dieses Buch ist unter anderem Bestandteil dieses Änderungsprozesses. Es brachte mich dazu, mir die Zeit zum Schreiben zu nehmen und darüber zu reflektieren, was sich da eigentlich abgespielt hat. Außerdem habe ich schon bei anderen Büchern die

Erfahrung gemacht, dass es mir guttut, Gedanken und Konzepte aus meinem Gehirn auf Papier zu bringen.

Insofern ist dieses Buch auch ein Experiment und ein Dokument zugleich. Als Coach für andere habe ich immer gewusst, in welcher Weise ich meine Mandanten anleiten und unterstützen konnte – für mich selbst muss ich die richtigen Schritte ergründen. Das Buch bemüht sich deshalb auch um ein konsequentes Selbstcoaching-Konzept. Das geschieht nicht deshalb, weil ein Coach (in diesem Falle ich) sich nicht von anderen beraten lassen will, sondern weil alle bisherigen Konzepte der Neuroimagination auf das selbstreflektierende Individuum bauen, das zu seinen Ressourcen und zu seinem eigenverantwortlichen Leben zurückfindet.

Einführung

Um uns dem Thema anzunähern, möchte ich nachfolgend erst einige Vorüberlegungen grundsätzlicher Art vorausschicken, bevor ich einleitende Burn-out-Informationen anschließe. Weiter werde ich dann anhand von Beispielen zeigen, dass die Akutphase von Burn-out tatsächlich schon nach fünf Tagen beendet sein kann.

Fakt 1

Zwischen dem 40. und 55. Lebensjahr erkranken Frauen dreimal häufiger an einer Depression als Männer. Männer begehen in der gleichen Altersstufe dreimal häufiger Suizid. Dabei sind die Todesfälle durch klassische Stresserkrankungen wie Herzinfarkt und Unfälle nicht mitgerechnet.

Fakt 2

Eineinhalb Jahre dauert es durchschnittlich, bis ein Mensch wegen Burn-out so handlungsunfähig ist, dass sein Zustand am Arbeitsplatz erkannt wird – und dies geschieht meist erst nach längerfristiger Krankschreibung. In der Zeit davor hat der Betroffene schon einiges erlitten und sein Arbeitgeber ein ordentliches Kostenpaket getragen – erstens durch die reduzierte Arbeitsleistung, zweitens durch die Fehlleistungen am Arbeitsplatz mit oft lang anhaltender Kostenfolge und drittens durch die Stressauswirkung auf die Kollegen mit den entsprechenden Kompensationsleistungen des Teams. Nachdem das Problem erkannt ist, dauert es mindestens sechs Monate, bis klar ist, ob die Person den Arbeitsplatz wieder besetzen kann. Die Rückkehrquote liegt ca. bei 60 Prozent, wobei es sich erst nach einem weiteren Jahr zeigt, ob mit einer Arbeitsleistung von mehr als 70 Prozent in absehbarer Zeit zu rechnen ist.

Dies ist ein typischer Ablauf eines Burn-out aus Unternehmenssicht. Während hier die Kosten und betrieblichen Folgen betrachtet wurden, bedeutet es für den Betroffenen enormes Leid, mit einem Infragestellen des ganzen Lebens. Der Lebensqualitätsverlust ist enorm und oft sehr nachhaltig. Da die wichtigsten mentalen Voraussetzungen wie Konzentrationsfähigkeit, Erinnerungsfähigkeit, Wahrnehmungsgenauigkeit oder Denkfähigkeit stark eingeschränkt sind, funktionieren die bewährten und erprobten Bewältigungsstrategien nicht mehr. Und nun reduziert sich das Selbstwertgefühl. Die persönlichen Auswirkungen dehnen sich auf das Beziehungsnetz aus, die nächsten Angehörigen haben es mit scheinbaren Charakterveränderungen zu tun und die Krise weitet sich nicht allzu selten auf Partner und Kinder aus.

Fakt 3

Lang anhaltende Stressbelastung führt zu einer neurobiologischen Reaktion im Gehirn inklusive einer Reduktion des ganzen Vitalisierungssystems. Behandlungen, die diese biologische Stressauswirkung nicht berücksichtigen und als erste Priorität sehen, sind nur Symptombekämpfungen und daher unangebracht. Wenn als Erstes der Stressspeicher aufgelöst wird, ist der Burn-out-Zustand innerhalb von fünf Tagen beendet. Symptome können, nachdem die Ursache behoben ist, schnell und wirkungsvoll behandelt werden.

Daraus ergeben sich folgende Fragen:

- Wie kommt es, dass Männer weniger Hilfe suchen, und wie kann der Not von Männern und Frauen begegnet werden?
- Wie kann man frühzeitig bei sich selbst und bei anderen erkennen, dass Stress die Ursache von Symptomen ist?
- Wie kann eine Verwechslung mit psychiatrischen Diagnosen und Behandlungen vermieden werden?
- Wie gelingt es, den Stresskreislauf zu durchbrechen und den unheilvollen Stressspeicher aufzulösen?

Diese Fragen werden in diesem Buch aus verschiedenen Perspektiven betrachtet. Einerseits aus der Perspektive des Autors als Therapeut und Coach, andererseits aus der Perspektive persönlich betroffener Menschen, wobei der Autor sich selbst auch als Betroffener zu erkennen gibt. Weiterhin wird versucht, den Blick auf die *Ursache* von Burn-out zu lenken, denn dies ist die Grundlage dafür, um von den unheilvollen Symptombehandlungen abrücken zu können. Die Ursache, die sich im Kopf abspielt, ist nicht die einer psychischen oder seelischen Fehlstellung (psychische Erkrankung), sondern die einer biologisch, hormonell gesteuerten, also rein körperlichen Stressauswirkung. Die Verwechslung mit willens- und verhaltensbedingten

Erkrankungen bei Burn-out sorgt dafür, dass betroffene Menschen viel zu oft richtige Behandlungen erfahren – allerdings für die falsche Erkrankung.

Männer, Frauen und Burn-out

Frauen sind eher bereit als Männer, eine Schwäche einzugestehen und dementsprechend Hilfe zu suchen. Sie begeben sich häufiger in Behandlung als Männer. Männer bleiben länger unbehandelt, suchen weniger Hilfe und ihre Situation verschlimmert sich dramatisch. Suizid ist nur die extremste, aber sichtbare Spitze der Probleme. Die Stufen davor sind jedoch auch mit erheblichem Leid verbunden. Schlafstörungen, Körperschmerzen, Wunden, die nicht heilen, Konzentrationsprobleme und Angstzustände werden mit sich herumgetragen und leider zu oft selbst »therapiert«. Der Versuch, mit den Schwächen so umzugehen, dass sie nach außen hin nicht auffallen, führt zu einem Kompensationsverhalten, welches die Grenzen von gesundem und anregendem zu schädlichem und selbstvernichtendem Verhalten überschreitet. Übermäßiges Arbeiten, exzessives Sporttreiben, intensives Essen, zu viel trinken oder Medikamenten- und Drogenmissbrauch breiten sich langsam, aber sicher mit nachhaltigen und schlimmen Konsequenzen aus.

Ein Grund, eine Behandlung möglichst zu vermeiden, liegt neben dem Selbstkontrollbestreben auch in unserem medizinischen System: Mit einer Selbstverständlichkeit »begibt man sich in Behandlung« – was immer mit einer Verantwortungsübertragung an den Arzt oder Therapeuten verbunden ist. Die Selbstverantwortung, welche für erfolgsverwöhnte Menschen ein sehr hohes Gut und notwendig für die Selbstkontrollmöglichkeit ist, wird mit dem

Ausfüllen der Patientenerklärung abgegeben. Als Patient ist man ab diesem Moment den Ärzten ausgeliefert. Man kann nur noch vertrauen oder hoffen. Ob das, was nun geschieht, mehr nützlich als schädlich sein wird, erfordert großes Vertrauen. Diese Aufgabe der Selbstverantwortung führt in ein großes logisches Dilemma. Als Macher und Entscheider, als Führungsperson mit Personal- und Budgetverantwortung sich nur noch in Vertrauen zu üben, erfordert eine hohe Leistungsforderung an den betroffenen Menschen, dessen Kräfte und Fähigkeiten ja wohlgemerkt in einem reduzierten Zustand sind.

Wie wirkt es auf einen Menschen, der zum Beispiel 20 Jahre lang erfolgreich ein Unternehmen geleitet, die Verantwortung für ein Budget von 25 Millionen Euro getragen, den Nobelpreis in Physik bekommen hat, jedenfalls aus Eigenbetrachtung erfolgreich mit und durch seine Autonomie war, wenn er sich in eine psychosomatische Klinik begibt?

Versetzen Sie sich in die Lage von Herrn Bertram, 44 Jahre alt, Geschäftsführer einer Versicherungsgesellschaft. Nach einer Umstrukturierung übernahm er eine Ländereinheit, bei der in den vergangenen sechs Jahren sehr viel schiefgegangen war. Er wurde als Sanierer eingesetzt und musste gleichzeitig mit einer gewaltigen Marktveränderung klarkommen. Die Herausforderung war enorm. In dieser Zeit erkrankte auch noch seine Ehefrau, und über vier Wochen war nicht klar, wie schlimm die Diagnose bei ihr war, was einen weiteren Stressfaktor bedeutete. Nach einem halben Jahr höchster Belastung verlor er immer mehr seine Konzentration, machte Fehler und traute sich am Schluss keine Entscheidung mehr zu. Alle Lösungsansätze waren für ihn unbrauchbar. Der Endpunkt: ständig schweißgebadet, kaum noch Schlaf, fahrig, emotional extrem wechselhaft, von gereizt und jähzornig bis lange Zeit apathisch. Sein Hausarzt schrieb ihn krank und schickte ihn zum Psychiater. Der diagnostizierte eine Erschöpfungsdepression auf der Basis eines typischen Burn-out.

Die Behandlung mit Medikamenten benötigte vier Wochen, bis der Zustand sich zumindest leicht verbesserte und die Klinikeinweisung anstand. Einen Vorabbesuch beschrieb Herr Bertram so: »Das war ein Schock. Stellen Sie sich das vor, ich bin wohl tatsächlich psychisch krank und soll in die Klinik. Dort gehen sie mit einem um, als wäre man entmündigt. Ich verstehe ja nichts von dem Fach, aber nach dem Gespräch mit der Oberärztin fühlte ich mich so klein und elend wie noch nie in meinem Leben. Wie soll es mir helfen, wenn ich plötzlich noch nicht einmal mehr mitreden darf, ich nicht einmal in den Park gehen darf, wenn ich will? Und dann die ganzen Menschen dort, die scheinen ja wirklich nicht mehr alle Tassen im Schrank zu haben. Bin ich wirklich genauso schlimm dran?«

Die Verzweiflung muss für einen Mann, der bisher selbstbestimmt gelebt hat, recht groß sein, um sich so auszuliefern, wie es leider allzu häufig vom Regelgesundheitssystem als selbstverständlich vorausgesetzt wird. Solche Erfahrungen bestätigen das Image und sind mit ein Grund, warum Menschen (vor allem Männer) lieber ihre Probleme ohne Fremdhilfe mit sich tragen, als Hilfe anzunehmen. Das Einlassen auf eine Behandlung geht meist mit einer persönlichen Verantwortungsübergabe einher, die als Selbstaufgabe erlebt wird. Diese Grundvoraussetzung zum Eintritt in eine psychosomatisch orientierte Klinik oder Behandlung schreckt viele ab.

Je gesünder die Psyche eines betroffenen Menschen ist, umso mehr schützt diese Person sich vor solchen Behandlungsbedingungen – mit der fatalen Folge, auf eine Behandlung lieber zu verzichten. Fatal, weil dann der Zustand mit den Symptomen nicht besser wird und nur allzu oft in einer unglaublichen Verzweifelung endet. Und leider wird hier dann der Suizid oft als einziger selbstbestimmter Ausweg gesehen.

Zurück zu Herrn Bertram: Dieser wusste tief in sich und war davon überzeugt, dass er nicht psychisch krank war. Er suchte nach Alternativen zur Psychiatrie und Psychosomatik. Er fand diese Alternative und schon sechs Wochen später hatte er seinen ersten Arbeitsversuch hinter sich. Er betrachtete sich zu 100 Prozent als arbeitstauglich und belastbar. Sein Aufsichtsratsvorsitzender konnte gar nicht so schnell eine Vertretungslösung organisieren, wie er selbst wieder fit und leistungsfähig an seinem Arbeitsplatz zurück war.

Es gibt diese Alternative – dass Burn-out nicht zum Knock-out führt, sondern lediglich eine Episode bleibt. Eine Episode, die zu einem Überdenken der Lebenssituation führt und eventuell rechtzeitig ein Neujustieren im Leben ermöglicht. Wenn dies zeitnah möglich ist, gibt es keine Unterbrechung oder gar einen Einbruch in der Biografie. Dann kann diese Episode als Gewinn und Bereicherung in der Lebensgeschichte verbucht werden.

Voraussetzung dazu ist es jedoch, dass betroffene Menschen die nötige Unterstützung auch annehmen. Wenn Burn-out das Stigma von psychischer Erkrankung mit lebenslanger Einschränkung oder jahrelangem Behandlungsbedürfnis anhängt oder angehängt wird, werden Menschen sich vor dieser Stigmatisierung schützen und zu lange warten, bis sie sich den Verlust ihrer Vitalität durch Burn-out eingestehen. Solange die Behandlungen selbst nicht schnell und wirkungsvoll die Ursache, sondern unbefriedigend lange die Symptome therapieren, tun die betroffenen Menschen gut daran, sich vor diesen Behandlungen zu schützen.

Ich befragte eine Reihe von Personen aus unterschiedlichsten Berufen. 80 Prozent von ihnen kannten einen Menschen persönlich, der schon einmal länger als drei Monate wegen Burn-out krankgeschrieben war. Dieses direkte Erleben erzeugt Betroffenheit und ein Bewusstsein für die Problemstellung. Daraus resultiert aber auch ein Bewusstsein, dass es keine echte Lösung gäbe. Die Hilflosigkeit der Fehlbehandlungen wird genauso wahrgenommen und ist mit eine Ursache dafür, dass das Problem zu lange »übersehen« wird. Bei sich selbst noch mehr als bei anderen.

Wenn dies so bleibt, hilft die Diskussion, die aus all den Gründen geführt wird, nicht wirklich dabei, sich dem Thema zu stellen. Denn wenn die guten Behandlungen nicht nachhaltig wirken, kommt es immer wieder zur gleichen unheilvollen Diskussion: Hat die Person denn wirklich etwas oder bildet sie sich das nur ein? Diese Frage steht unausgesprochen und manchmal auch ausgesprochen im Raum. Und weiter wird die Unterstellung laut, dass die Person die Störung in den Griff bekommen würde, würde sie nur mehr Willen aufbringen.

Gleichwohl hat die aktuelle Diskussion nicht dazu geführt, Burn-out als reinen ideologischen Trick von Faulpelzen zu verteufeln. Wenn ein Begriff wie Burn-out ein in breiteren Bevölkerungsschichten bekanntes Verhalten treffend beschreibt, kommen auch die entsprechenden

Wissenschaftsdisziplinen nicht darum herum, sich mit ihm zu beschäftigen. Außerdem hat das öffentliche Bekenntnis bekannter Persönlichkeiten, körperlich und seelisch »ausgebrannt« zu sein, zu einer gewissen gesellschaftlichen Akzeptanz des Erscheinungsbildes beigetragen.

Burn-out – eine erste Annäherung an einen aktuellen Begriff

Der Begriff »Burn-out« wurde erstmals 1974 vom Psychoanalytiker Herbert Freudenberger im Zusammenhang mit sogenannten »helfenden« Berufen (Ärzte, Pflegeberufe, Rettungsdienstpersonal, Sozialberufe) verwendet. Das Phänomen selbst beschreibt allerdings einen Vorgang, welcher so alt ist wie die Menschheit selbst: körperliche und geistige Erschöpfung – alles funktioniert nicht mehr so, wie der Mensch es gewohnt ist. Dies geht einher mit einer anhaltenden Leistungs- und Antriebsschwäche, die auch durch vergebliche Versuche, sich zu erholen, nicht behoben wird.

Inzwischen gibt es durchaus einige Angebote, die Burn-out-Betroffenen zur Verfügung stehen. Gerade inflationär haben psychosomatische Kliniken entsprechend ihre Firmenschilder ausgetauscht. Aufgrund der aktuellen Entwicklung wird es immer weniger nötig, sein Leiden vor anderen zu verstecken.

Es wird als allgemeines Hauptcharakteristikum angenommen, dass der Phase des Ausgebranntseins eine Hochleistungsaktivität und ein Verzicht auf Erholungs- und Entspannungsphasen vorausgegangen sein müssen. Burn-out ist dann etwas, wozu man nach einer Höchstleistung ein gewisses Recht zu haben scheint – sozusagen eine legitime

Zwangspause, eventuell sogar mit dem Anspruch auf Kostenübernahme durch eine gesellschaftliche Stelle. Dass man gerade über den letzten Teil dieses Satzes geteilter Meinung sein kann, leuchtet ebenso ein wie der daraus resultierende Diskussionsbedarf. Aber bereits der Ansatz der in dieser Richtung geführten Diskussion zielt in eine Polarisierung und muss deshalb zwangsläufig in die Irre führen. Denn jetzt werden nämlich nicht die neuesten Entwicklungen diskutiert, sondern es stehen sich eher zwei historisch entwickelte Ansichten fast feindlich gegenüber. Die eine Haltung behauptet: Burn-out gibt es gar nicht. Die andere entgegnet: Aber natürlich gibt es Burn-out.

Doch mit solchen geradezu ideologischen Kämpfen ist weder dem einzelnen Betroffenen geholfen, noch können sich die einzelnen Versicherungsträger, Arbeitgeber oder Helfersysteme vor ihrer Verantwortung drücken: Der Schaden eines echten Burn-out und alle damit verbundenen Erscheinungsformen werden nicht dadurch aus der Welt geschafft, dass man ihre Existenz und die damit einhergehenden Wirkungen in Abrede stellt. Der betroffene Mensch, der nicht mehr für sich sorgen kann, leidet an einer Menge von Symptomen. Und wenn es dann zu einer Ursachendiskussion kommt, durch die sich ein Leidender auch noch in seiner Integrität angegriffen fühlt, werden seine Probleme keinen Deut besser, im Gegenteil: Die Situation wird sich verschlimmern und das Leiden verlängert sich.

Diskussionen über Burn-out-Leiden sind auch Diskussionen über Kosten, denn die Frage des Heilungsprozesses dreht sich ja nicht nur um eine möglichst große Hilfe bei der Überwindung von Burn-out, sondern auch um Ursachen und damit um den Kostenträger. Bei der Kostendiskussion wäre es sehr spannend, einmal eine Vollkostenrechnung vorzunehmen. Welche Kosten müssten dabei berücksichtigt werden?

- Kosten des Arbeitgebers, der die unsichere Ausfallzeit genauso berücksichtigt wie die Zeit, in der der Mitarbeiter zwar arbeitet, aber nur bedingt seine Anforderungen erfüllen kann;
- Kosten der Krankenversicherungen, die alle durch Burnout verursachte Krankheiten mit erfassen;
- Krankentagegeldversicherungen;
- Pensions- und Rentenkassen;
- Arbeitslosenversicherungen;
- nicht zuletzt die Kosten des betroffenen Menschen und seiner Familie selbst. Hier müssten nicht nur die Einkommensdifferenz während der Ausfallzeit, sondern auch die Heilungskostenzuzahlungen sowie die Einbußen bei einer reduzierten Wiedereingliederung berücksichtigt werden.

Doch Statistiken und Kostenrechnungen sagen nichts über das persönliche Elend betroffener Menschen und ihrer Familien aus. Deshalb soll in diesem Buch eher auf Einzelschicksale eingegangen werden, weil sich an ihnen besser das Ausmaß der tragischen Lebenssituation zeigen lässt.

Burn-out-Grundsatzdiskussionen haben den Nachteil, dass sie in der Regel unfruchtbar sind: Sie werden meist abstrakt geführt, und Fragen einer Burn-out-Prävention, die eine verbesserte Vorbeugung ermöglichen und damit einen späteren Heilungsprozess überflüssig machen würde, bleiben meist außen vor. Die Erörterung dringend benötigter Programme und Verfahren, die einen verbesserten Umgang mit Belastungen und daraus resultierendem Stress erforschen, kommt während einer solchen Diskussion erst recht nicht zum Zuge.

Burn-out ist keine medizinische Diagnose, sondern eine Zustandsbeschreibung, der immer eine Vorgeschichte ursächlich vorausgegangen ist. Es gibt eine große Zahl von Menschen, die durch die unter Burn-out beschriebenen Symptome länger als ein halbes Jahr arbeitsunfähig sind. Davon schafft es gerade mal die Hälfte, wieder arbeitsfähig zu werden. Und mit welchen Einbußen an Leistungsfähigkeit eine Arbeitsfähigkeit dann wieder erreicht wird, ist nicht wirklich erforscht.

Eine Folge vieler ergebnisarmer Versuche, sich den Lebensthemen zu stellen, ohne den neurobiologischen Ausnahmezustand beenden zu können, ist ein in meiner Praxis oft geschilderter Selbstzweifel, den es zu berücksichtigen oder zu vermeiden gilt. Um schlimme Selbstzweifel zu beenden – die Voraussetzung einer Beendigung des Burn-out-Zustandes –, muss eine schnelle und effektive Veränderung dieses Zustandes bewirkt werden, unabhängig davon, welche Arbeits- oder Lebenssituationen dazu geführt haben.

Die oben geschilderte Geschichte von Herrn Bertram ist kein Einzelfall und zeigt, dass rechtzeitig eingeleitete Änderungen und ein entsprechendes Stress-Trainingsprogramm. durchgeführt auf einer ganzheitlichen Basis unter Berücksichtigung der *neurobiologischen* und *nicht der psychischen Fakten,* ein langes Leiden verhindern kann. Oder, wie etliche Beispiele zeigen, eine schon jahrelang wirkende Einschränkung wieder aufgehoben werden kann.

Gerade leistungsgewohnte Menschen mit hoher Eigenkompetenz tragen in der Regel viele Ressourcen in sich, die sie zur Bewältigung der Krise benötigen und dann auch einsetzen wollen und können. Wenn diese Ressourcen durch ein schnell durchgeführtes Entstressungsprogramm auf neurobiologischer Ebene wieder voll zur Verfügung stehen, hat der betroffene Mensch auch wieder Zugang zu seiner Kraft, um die notwendigen Änderungen im Arbeits- und Lebenskontext passgenau zu planen und durchzuführen. Dies ist eine gute Alternative zu einem therapeutischen Hilfsangebot, das in der Regel zunächst eher ein Krankheitsbewusstsein erzeugt und der Sache nicht dienlich ist.

Eine erste Zusammenfassung

Burn-out ist der Knock-out nach einer lang anhaltenden und dauerhaft wahrgenommenen Differenz zwischen Herausforderungen und Belastungssituationen und den subjektiv erlebten Bewältigungsmöglichkeiten. Die Differenz zwischen Belastungen und deren Bewältigungsstrategien führt immer zu einem Anstieg der Stresshormone. Wenn diese Hormone nicht mehr abgebaut werden können, reduzieren sich die Bewältigungsmöglichkeiten, was wiederum einen Anstieg der Stresshormone zur Folge hat. Wenn sich dieser Zustand nicht entspannt, entweder durch Abnahme der Belastungen und Herausforderungen, durch Umbewertungen der Herausforderungen oder durch neue Bewältigungsstrategien, bildet sich ein Stressspeicher, der sich nicht mehr selbst reguliert und zu einem eigenen, nachhaltigen Faktor wird. Dieser Stressspeicher reduziert den Ressourcenzugriff, schafft eigene Symptome und lässt die Situation so eskalieren, dass es zu einer massiven Reduktion der Körperfunktionalität kommt (zum Beispiel sinkende Konzentrationsleistung, Koordinationsprobleme, Muskelverspannung usw.). Die verschiedenen Lebensbereiche, die das Leben ins Ungleichgewicht gebracht und somit zu einer Störung des ausgeglichenen Stresssystems geführt haben, werden insgesamt durch diese Reduktion der Körperfunktionalität belastet und eine Bewertung und Einschätzung der eigenen Situation ist nicht mehr realitätskonform möglich. Um einem Menschen effizient zu helfen, muss der Stressspeicher erst aufgelöst werden, der persönliche Zugang zu den Ressourcen wiederhergestellt werden. Dies ist mit der richtigen Methode innerhalb von kurzer Zeit möglich.

Das ist das ambivalente Problem einer defizitorientierten, psychiatrischen Diagnose: Eine Pathologisierung hat zur Folge, dass ein Krankenhausaufenthalt notwendig wird und dieser in der Regel in einer psychosomatischen oder psychiatrischen Klinik erfolgt. Der ohnehin in seiner Selbstmotivation eingeschränkte Betroffene erlebt eine einschneidende Begegnung mit einer neuen Welt, die aber neben einigen positiven Aspekten auch ein defizitorientiertes Kranken-und Opfer-Universum bedeutet.

Dass ein solches Umfeld nicht für alle Menschen gleich gut ist, zeigen die beeindruckenden und messbaren Konsequenzen: Gerade einmal die Hälfte der wegen Burnout stationär behandelten Menschen schafft wieder einen beruflichen Einstieg. Umgekehrt ist es durchaus möglich, dass besonders leistungsbewusste Menschen bei konsequenter Unterstützung einer eigenverantwortlichen Haltung und einem konkreten Trainingsprogramm den Weg ins selbstgestaltete, kreativ entfaltete Leben zurückfinden.

Diesen Weg werden sie häufig nicht selbst beschreiten können, aber mithilfe eines speziell ausgebildeten Coach oder einer sie begleitenden Person bestehen realistische Chancen zur Rückkehr ins normale Leben.

Allerdings hilft die beste Entstressung nicht, wenn die zum Burn-out führenden Lebens- und Arbeitsfaktoren unbeachtet und unbeeinflusst bleiben. Hier liegt ein Arbeitsschwerpunkt für gut ausgebildete Coachs: leistungsorientierten Menschen dabei zu helfen, ihre Leistungsfähigkeit zu erhalten, eventuell auch noch zu steigern, ohne den Zugang zu ihren eigenen Ressourcen zu verlieren. Dass dies möglich ist, zeigen einzelne Beispiele, wie ich sie in diesem Buch noch beschreiben werde, und auch meine eigenen Erfahrungen. Wenn der persönliche Ressourcenzugang durch gewisse neurobiologische Phänomene, die durchaus in einer einseitigen Lebensführung und Arbeitsfixierung begründet sein können, unterbrochen ist, braucht es nur wenig an geplanter oder ungeplanter Belastung, um das eigene Lebensbild zu erschüttern und die bekannten Burn-out-Symptome ausbrechen zu lassen. Dann ist Burn-out ein ernster Zustand und kann die oft unerkannte Ursache für einige der schlimmsten Erkrankungen sein!

Dieses Buch soll einen Beitrag leisten, den Menschen, die trotz großer Anstrengung und Willenskraft bislang nicht mehr ihre gewohnte Energie, Konzentrationsfähigkeit und Ausdauer wiedererlangt haben, einerseits Erklärungen und Wissen über die neurobiologischen Ursachen und Bedingungen für diesen Zustand zu liefern. Andererseits soll auch ein Ausweg aus dem negativen Kreislauf gezeigt werden: wie der kraftlose, unkonzentrierte Zustand nachhaltig beendet werden kann, um sich dann der nötigen Lebensreflexion mit einem klaren Kopf zu stellen. Entscheidungshilfen für eine teilweise Neuorganisation gewisser Lebens- und Arbeitsbereiche können dann effektiv und selbstbestimmt genutzt werden. Für sich die Balance aller Lebensbereiche herzustellen, dazu ermutigt dieses Buch. Ohne klaren Kopf, unkonzentriert und unausgeglichen, werden in der Regel keine guten Entscheidungen getroffen, weswegen diese Voraussetzung im dargestellten Konzept eine Schlüsselstellung einnimmt.

Burn-out und seine Auswirkungen verstehen

Burn-out = ausgebrannt?

Es gibt kaum noch Lehrer im Schuldienst, die älter als 55 Jahre sind; viele Verkaufsberufe haben ab dem 50. Lebensjahr eine enorm hohe »Ausmusterungsquote«. Bei den Verwaltungsberufen fällt die hohe Kranken- und Ausfallquote auf; Frühpensionierung ab 55 Jahren ist in vielen Berufen eine ständige und teure Realität. Trotz dieser Fakten und der bisher stattgefundenen öffentlichen Diskussion hat die Debatte, ob es diesen Zustand »Burn-out« überhaupt gibt, wieder deutlich zugenommen.

Was bedeutet es, dass eine solche Tendenz in unserer Gesellschaft wieder einsetzt? Es ist sicher nicht so, dass die Faktoren, die für Burn-out sprechen, generell abgestritten würden. Aber eine wesentliche Komponente ist, dass die Auswirkungen und Beschreibungen bisherigen Krankheitsdiagnosen gleichen und deshalb auch pathologisierbar erscheinen.

Während eine Depression meist eine »Privatsache« ist,

zu der man eher beschämt und verhalten öffentlich steht, setzt der Begriff »Burn-out« eine gesellschaftlich erwünschte Verhaltensweise voraus: Leistung.

Der Begriff »Burn-out« formuliert gleichzeitig den Mythos des Ausgebranntseins als Folge einer länger anhaltenden Leistungserbringung. Aber die Leistung wurde ja scheinbar nicht für sich selbst erbracht, sondern für andere (der Parteivorsitzende arbeitete für seine Partei, der Angestellte für seinen Arbeitgeber, die Mutter für ihre Kinder, der Lehrer für seine Schüler usw.). Damit wird der Zustand des Burn-out unbewusst oder auch bewusst einem anderen Nutznießer, einem »Schuldigen«, zugeordnet. Dies hat seine historische Ursache vermutlich darin, dass die ersten Burn-out-Diagnosen rein für helfende Berufe gestellt und beschrieben wurden. Dieser Zusammenhang hat allerdings fatale Folgen, weil er einfach erkennbare Ursachen für ebenso einfach erkennbare Dysfunktionen unterstellt. Dadurch werden Diskussionen und Bestrebungen verhindert, die Situation ganzheitlich zu betrachten und Veränderungen am richtigen Platz zu initiieren, Aufklärung zu betreiben, effektive Methoden zur Vermeidung oder schnellen Auflösung zu entwickeln und zugänglich zu machen. Zwei Beispiele aus meiner Praxis können dies verdeutlichen:

Auf Wunsch des Personalvorstands einer großen Versicherungsgesellschaft traf ich mich mit der Abteilungsleiterin der neu gegründeten Gesundheits-Abteilung. Ich sollte ein Stressprophylaxe-Programm vorstellen, und die Geschäftsleitung hatte Interesse, ein solches Programm im Konzern einzuführen. Die Abteilungsleiterin stand unserem Angebot aufgeschlossen gegenüber, hatte aber in der Personalabteilung insgesamt keine Unterstützung. Das angedachte Projekt scheiterte bereits an der Pilotveranstaltung, für die es nicht gelang, einen passenden Termin zu finden. Nach vier Terminverschiebungen stellte ich die Grundsatzfrage. Man gab mir zur Antwort: »Es kann ja nicht sein, dass die Geschäftsleitung uns einen Stresscoach schickt, der noch mehr Leistung aus uns herausquetscht, anstatt unsere Arbeitsbedingungen zu verbessern.«

Eine ähnliche Haltung zeigt das zweite Beispiel. Bei einem Seminar zum Thema »Burn-out« mit Verwaltungsmitarbeitern eines deutschen Bundeslandes bekam ich entgegen meiner Gewohnheit eine recht schlechte Seminarleitungsbeurteilung. Was war geschehen? Die Erwartungen der Seminar-TeilnehmerInnen deckten sich in keinster Weise mit meinem Selbstverantwortungsansatz. Sie erwarteten konsequent Tipps, wie sie von außen »betankt« werden konnten. Und die Verantwortung für diese Treibstoffzufuhr liegt in erster Linie beim Arbeitgeber, in diesem Falle beim Staat. Da ich nicht bereit war, dort eine Revolution für bessere Arbeitsbedingungen, mehr Personal und weniger Aufgaben anzuleiten, hatte ich in dieser Gruppe nach Ende des Seminars nur wenige Freunde.

Die Arbeitsbedingungen sind immer eine wichtige Stress- und damit Burn-out-Quelle. Die Verantwortung dafür tragen aus meiner Sicht immer zwei Seiten: die Arbeitgeber und der Mitarbeiter. *Die Verantwortung für den Umgang mit Stress und die eigene Qualitätserhaltung trägt jedoch immer der Einzelne selbst.* Abnehmen kann ihm diese Verantwortung niemand – genauso wenig, wie die Auswirkungen von nicht gelungenem Stressumgang nur von der betroffenen Person selbst getragen werden können.

Bei beiden oben genannten Beispielen änderte sich nichts, die Chancen für die betroffenen Menschen blieben ungenutzt. Natürlich hatten die Geschäftsleitungen in erster Linie keine übermäßig humanitären Ziele im Sinn. Aber das Bewusstsein, dass ein kompetenter Umgang mit Belastungssituationen die Arbeitsleistung verbessert und den Krankenstand reduziert, ist kein Widerspruch zur Erkenntnis, dass der Einzelne im Zusammenhang mit seiner Leistungssteigerung auch eine Steigerung seiner Lebensqualität erreichen würde. Und gesund bleiben ist tatsächlich etwas, wovon der einzelne Mitarbeiter letztlich selbst am meisten hat.

In diesem Zusammenhang betone ich immer, dass ich mit meinem Arbeitsergebnis dann zufrieden bin, wenn die Coachees an Selbstbewusstsein gewonnen haben und für ihre eigenen Belange gerade in Belastungssituationen adäquat einstehen können. In der Regel sind das starke und kraftvolle Mitarbeiter. Und damit langfristig die wertvollste Ressource jedes Unternehmens.

So sind diese Beispiele Belege dafür, wie heikel das Thema in der Diskussion ist. Und immer, wenn es um Schuldzuweisungen geht, haben wir eine unausgesprochene moralische Instanz mit am Tisch. Die sorgt für alle möglichen Abwehr- und Verteidigungsstrategien und gleichzeitig für eine Anklage- und Angriffsstrategie. Hier bleibt dann leider jede Diskussion unfruchtbar.

Jörg Fengler und andere weisen treffend darauf hin, dass Burn-out kein eigentliches Syndrom ist: »Burn-out ist kein Syndrom, obwohl es in der Fachliteratur manchmal so bezeichnet wird. Es ist also keine Krankheits-Einheit, die mit einigermaßen einheitlichen Symptomen belegt werden kann, schon gar nicht im Sinne der ICD- und DSM-Klassifikation. Vielmehr sind sehr unterschiedliche und auch entgegengesetzte Anzeichen signifikant: täglicher Widerwille, zur Arbeit zu gehen; Gefühle des Versagens, des Ärgers und Widerwillens; Schuldgefühle und Gleichgültigkeit; Mutlosigkeit dem eigenen Erfolg gegenüber; Rückzug; tägliche Gefühle von Müdigkeit und Erschöpfung …« (Fengler 2008, S. 95)

Also dient der Begriff eher einer Beschreibung eines menschlichen Zustandes. Beschreibungen verschiedener Fachleute kommen dabei immer wieder auf ein sehr ähnliches Ausdrucksbild: »… Zustand physischer oder seelischer Erschöpfung, der als Auswirkung lang anhaltender negativer Gefühle entsteht, die sich in Arbeit und Selbstbild des Menschen entwickeln«. (Emener 1982, zitiert in Fengler 2008)

Ayala M. Pines, Elliot Aronson und Ditsa Kafry sprechen bei Burn-out vom Ausbrennen (Pines et al. 2007), Herbert Freudenberger (1980) nennt es Erschöpfungssyndrom. Fengler definiert den Zustand so: »… ein schleichend beginnender oder abrupt einsetzender Erschöpfungszustand körperlicher, geistiger oder gefühlsmäßiger Art in Beruf, Freizeit, Freundeskreis, Partnerschaft und Familie, oft verbunden mit Aversion, Ekel und Fluchtgedanken. Im Vorfeld ist dabei lang andauernde Überforderung ohne angemessenes Korrektiv charakteristisch«. (Fengler 2008,

S. 92) Und Cary Cherniss schreibt 1980: »… großer Widerstand, zur Arbeit zu gehen; Entmutigung und Gleichgültigkeit; Negativismus; Isolierung und Rückzug; tägliche Gefühle von Müdigkeit nach der Arbeit; Verlust von positiven Gefühlen der Arbeit gegenüber; Aufschieben von Terminen; Unfähigkeit, sich auf Arbeitsgegenstand zu konzentrieren, sich unbeweglich fühlen, zunehmender Dienst nach Vorschrift; Schlafstörungen; Vermeiden von Auseinandersetzungen und Konfrontationen, Rigidität im Denken und Handeln, Widerstand gegen Veränderungen, Misstrauen und Zunahme von paranoiden Vorstellungen; gehäufter Drogen- und Medikamentenmissbrauch; Ehe- und Familienprobleme; häufigeres Fehlen am Arbeitsplatz.« (Zitiert in Fengler 2008)

Das alles sind kluge Beschreibungen, aber ich möchte den Akzent noch etwas anders setzen. Meine Definition von Burn-out, versuche ich wie folgt darzustellen:

Burn-out ist ein schleichender und über einen längeren Zeitraum gesteigerter Zustand, bei dem ein Mensch nicht mehr in der Lage ist, über seine eigenen körperlichen wie geistigen Ressourcen in seiner gewohnten und gewollten Art zu verfügen. Der Betroffene kann sich nicht mehr zwischen Anspannung und Entspannung bewegen und wirkt dadurch oft lahm und inaktiv bei einer häufigen hohen Anspannung. Das ganze Sein wirkt wie abgestellt: Sein Wille als Instanz kann höchstens noch zu einem Bruchteil zur Selbststeuerung und Verhaltensbestimmung genutzt werden. Unabhängig von der Art und Schwere der vorangegangenen Belastung hat diese dazu geführt, dass er antriebsverarmt ist und seine Gedanken nicht mehr zielgerichtet steuern kann. Seine Gefühle sind sehr instabil, Konzentrations- und Gedächtnisprobleme treten in ungewohntem

Ausmaß auf. Schlafstörungen führen in den meisten Fällen zu einer sich permanent noch steigernden Unruhe. Übelkeit und Magenschmerzen sind die häufigsten von ungewohnten und nicht somatisch bestimmbaren körperlichen Schmerzen, die den Zustand begleiten.

Ich versuche mit meiner Definition zu trennen zwischen dem, was ich unter einem Burn-out verstehe, und dem, was ein Burn-out bewirkt. Ich halte es für sehr wichtig, Ursache und Wirkung nicht zu verwechseln. Damit ist nämlich schon ein erster Schritt für einen Ausweg, ein Beenden der sich leider oft dramatisch steigernden Situation getan.

Burn-out und seine Folgen

In den eben beschriebenen Definitionen und Erklärungen finden wir ein Durcheinander von Begrifflichkeiten und Auswirkungen, zwischen Ursache und Wirkung. Diese Vermengung unterschiedlicher Phasen halte ich für symptomatisch bei der Behandlung des Problems, weil dadurch die Tatsache in den Hintergrund tritt, dass sich gewisse Phänomene beobachten lassen, die immer gleich ablaufen.

Ein bedeutendes Phänomen ist die Verwirrung, die von einer solchen Person ausgeht. Es fällt ihr durch die Konzentrationsprobleme schwer, im Gespräch einen roten Faden zu behalten. Der Betroffene wirkt sprunghaft und leicht abgelenkt. Dies ist kein Persönlichkeitsmerkmal, sondern eine temporäre, aber wichtige Auswirkung des Burn-out-Zustandes.

Eine weitere Auswirkung ist ein gewisses Entrücken von

der Realität. Die Verhältnismäßigkeit gewisser Verhaltenseigenschaften und auch Körperempfindungen ist oft reduziert. Dazu kommt der Verlust des Selbstwertes. Gerade bei selbstgesetzten oder angenommenen Aufgaben ist es besonders für erfolgsgewohnte Menschen schwer, mit dem als »Versagen« empfundenen Zustand zurechtzukommen.

Arbeitssituationen können für große Spannungen und Unverständnis sorgen. Die oft genannten Ehe- und Familienprobleme sind dabei eine *Folge* von Burn-out und keine Ursache. Gleichwohl darf hier auch eine gute Nachricht vermeldet werden: Ich habe es öfter erlebt, dass Ehen trotz schwerstem Burn-out nicht gescheitert, sondern gewachsen und gereift sind. Ich bin zu der Überzeugung gekommen, dass nur dort, wo vorher schon Beziehungsprobleme ein Belastungspotenzial dargestellt hatten, der Burn-out-Zustand die Ehesituation sehr verändert oder sogar sprengt.

Der schon beschriebene Zustand von Arbeitsunlust, Motivationsverlust, ja sogar von Ekelgefühlen ist aus meiner Sicht auch eine Auswirkung von Burn-out – quasi eine Schutzreaktion davor, jenes Verhalten, das inzwischen als ungut und als vernichtend wahrgenommen wurde, weiterzubetreiben. In der Regel leiden Menschen unter Burn-out, für die Arbeit vorher ein sehr hoher Wert war. Dieses Grundgefühl ist jetzt nicht einfach wie weggefegt; aber die Arbeit kann nicht mehr als Bereicherung empfunden werden – wie übrigens alle Gefühle in diesem Zustand nicht mehr oder nur wie unter einem Schleier wahrgenommen werden können. Diese Empfindungsmelange ist dann die Ursache für ein grundsätzlich grüblerisches Verhalten, bei dem die große Sinnfrage aufgeworfen wird.

Da man sich ohne Gefühlsempfindung immer leer

fühlt, wird in einer solchen Situation die Sinn- und Gefühlsfrage entscheidend wichtig. Gepaart mit einem einseitigen Blickwinkel auf das Vergangene – oft unter einem totalen Ausblenden aller positiven Erlebnisse – kann einem Menschen dann ganz entfallen, mit welch guten und befruchtenden Gefühlen die Arbeit vorher empfunden wurde.

Dieses »Loslassen« in der Antriebslosigkeit ist eine recht gefährliche Situation. Coachs, die in solchen Fällen als unabhängige Instanz noch am ehesten Zugang zum Betroffenen haben, tun gut daran, unbedingt vor langfristigen Entscheidungen zu warnen. Es ist dringend nötig, Konsequenzen wie Kündigung, Trennung vom Ehepartner, Berufsneuwahl, Auswandern, Vermögen verschenken etc. als hilflose Fluchtversuche vor dem unerwünschten, als kaum aushaltbar empfundenen Zustand deutlich zu machen. *Erst wenn die emotionale Regulationsfähigkeit wiederhergestellt ist, können manchmal sinnvolle Änderungen in einen Entscheidungsprozess gebracht werden.*

Ich nutze im Coaching eine Standardaussage, die sinngemäß so lautet: »In akuten Krisen wird vor einer Veränderung mit großer Tragweite erst die Krise beendet. Danach wird über die Veränderung nachgedacht. Entscheidungen müssen für die Zeit nach der Krise aufgehoben werden.«

Stress und Arbeitseffizienz

In der Regel geht man davon aus, dass der Arbeitseinsatz und das Ergebnis in einer Relation zueinander stehen, und diese sollte den Ausführenden zufriedenstellen. Wenn man eine Ergebnissteigerung erreichen will, muss der Arbeitseinsatz gesteigert werden. Dies funktioniert im Normalfall und jeder berufstätige Mensch ist mit diesem

Wechselverhältnis schon konfrontiert worden. Unter Stress funktioniert dieser Mechanismus aber nur für eine sehr kurze Zeit und dann verändert sich das Verhältnis: Mit gesteigertem Einsatz nimmt die Effizienz ab statt zu.

Die Erfahrung zeigt, dass ausgehend von einem Teammitglied diese Effizienzabnahme weitere Kreise ziehen kann. Wenn dieses Geschehen eine ganze Abteilung ereilt, kann es für das Unternehmen richtig teuer werden. Diese Begleiterscheinung von Burn-out, die Ineffizienz, belastet den betroffenen Menschen wie die ganze Umgebung. Sie demoralisiert und ist eine weitere Ursache des Selbstwertverlusts, der immer wieder Burn-out-Geschichten begleitet.

Kommunikation und Burn-out

Burn-out-Erscheinungsformen sind immer eine Folge von Stress. Burn-out-Kompetenz ist immer auch Stresskompetenz, denn nur wenn Stress nicht zeitnah wieder abgebaut wird und sich Entspannung in ausreichender Weise einstellt, kommt es zu Störungen, die im Burn-out-Zustand gipfeln können. Befinden sich Menschen im Stresszustand, verändert sich auch ihre Kommunikation.

Kommunikation dient der Verständigung zwischen Menschen. Sie ist die Grundlage jeder Beziehung. Ob sich jemand für seinen beruflichen Erfolg oder für die Gestaltung der Beziehung einsetzt: Die Kommunikation ist das Mittel, welches wir als Grundlage zur Bewältigung jeder Herausforderung brauchen. Wir brauchen Kommunikation, um keinen Stress zu bekommen.

Nur: Mit der Zunahme gewisser Stresshormone in unserem Körper verschlechtert sich unsere Kommunikation – zum Teil dramatisch. Darum ist es wichtig, sich mit

Kommunikation unter Stress zu beschäftigen, um in aktuelle Stressabläufe als Betroffener wie als Außenstehender deeskalierend eingreifen zu können. Genauso wie Stress für schlechte Kommunikation und somit für viele neue Problemfelder sorgt, kann gute und gezielte Kommunikation Stress abbauen. Somit ist die Beschäftigung mit Kommunikation eine sehr gute Möglichkeit, um Stress nachhaltig senken zu können.

Diesem wichtigen Zusammenhang widme ich im Folgenden ein eigenes Kapitel.

III Kommunikation und Stress

Was mittlerweile zum Thema »Kommunikation« Allgemeinwissen ist, basiert zu großen Teilen auf den Arbeiten von Kommunikationspionieren wie Paul Watzlawik, Virginia Satir, Milton Erickson und vielen anderen. Danach werden die ausgesprochenen Botschaften auch mit dem ganzen Körper ausgesprochen – das gesprochene Wort ist nur ein Teil davon. Die Körpersprache, die Stimme, der Ausdruck und die ganze Haltung des Trägers einer Botschaft sind von noch größerer Bedeutung, wie eine Botschaft abgeschickt wird und welche Wirkung von ihr ausgeht. Verschiedene Studien haben nachgewiesen, dass der verbale Inhalt nur gerade sieben Prozent der Kommunikationsleistung ausmacht und 93 Prozent vom nonverbalen Teil gefüllt werden.

Ich stütze mich im Folgenden in weiten Teilen auf Virginia Satir, die erst einmal von einem *kongruenten Kommunikationsstil* ausgeht. Eine kongruente Kommunikation nach Virgina Satir liegt vor, wenn die Körpersprache exakt mit dem Inhalt einer Botschaft übereinstimmt. Wenn es Abweichungen gibt, haben wir eine Inkongruenz, die eine doppelte Botschaft liefern kann: Der Körper sagt etwas ganz anderes als das, was verbal geäußert wird. Wenn wir die neuesten Ergebnisse der Hirnforschung berücksichtigen, verstehen wir auch, warum das so ist: Die Urteilsbildung über eine Botschaft wird im Bereich des Mittelhirns getroffen, und zwar bevor die Botschaft im Großhirn angekommen ist. Der Inhalt einer Botschaft wird also in Hirnregionen bearbeitet, die für Logik und Sprache zuständig sind – und diese agieren erst nach der körperlichen Urteilsbildung, die aufgrund des sinnlichen Eindrucks der Botschaft erfolgt. Der Ausdruck im Gesicht, die Körpersprache und – sehr wichtig – der Klang der Stimme haben hier entscheidende Bedeutung. Dadurch wird eine »Vorentscheidung« beim Empfänger getroffen, die nachher vom Großhirn nur noch zu bestätigen ist. Der Verstand hat dann einige Arbeit, diese Entscheidung zu begründen.

Diesen Ablauf kann man nach dem derzeitigen Wissensstand als gesichert ansehen. Es lässt sich damit natürlich die Frage stellen, wieso wir uns so viel mit dem Inhalt und so wenig mit der nonverbalen Kommunikation beschäftigen. Wie ist das bei Ihnen?

Nach Virginia Satir kommunizieren gerade etwa drei Prozent der Menschen grundsätzlich kongruent. Sie hat in ihrem Werk *Kommunikation, Selbstwert, Kongruenz* die These aufgestellt, dass Kommunikation immer auch das Ziel hat, das eigene Selbstwertgefühl zu stabilisieren, und dass Menschen ihrem Typ entsprechend zu Mustern greifen, die immer wiederkehren. Diese Typologie ist nachvollziehbar und somit auch berechenbar.

Die Beschreibung von Virginia Satir ist, wie damals in der Psychologie üblich, defizitorientiert. Satirs Analysen bildeten über mehr als zehn Jahre die Grundlage der Typologie, mit der auch ich in meiner Praxis und auf Seminaren gearbeitet habe. Bei allem Respekt vor ihrer empirischen Leistung und der Tatsache, dass Virginia Satir mit ihrer Arbeit in die richtige Richtung wies, denke ich mittlerweile, dass menschliche Kommunikation trotzdem von komplexeren Vorgängen als damals angenommen gesteuert wird. Selbst wenn wir unsere nachvollziehbaren üblichen Kommunikationsarten verwenden, sind diese meist nicht negativ, sondern durchaus positiv zielgerichtet – und das von Mensch zu Mensch unterschiedlich. Menschen verhalten sich bei ihrer Kommunikation – immer normale geistige und körperliche Fähigkeiten vorausgesetzt – völlig situativ und richten sich individuell unterschiedlich auf ihr Gegenüber ein. Ihr soziales Kommunikationsverhalten gestalten sie je nach sozialem Kontext sehr variabel. Dies geschieht meist mit einem gewissen Automatismus und dient in der Regel der zieldienlichen Verständigung – also einem höchst konstruktiven Prozess. Daneben ist auch bei einer typenbezogen klar zuordenbaren Persönlichkeit innerhalb einer solchen Kommunikation eine klare Kongruenz zu erkennen. Deshalb ist es sinnvoll, eher von einer flexiblen Gestaltung des Kommunikationsstils auszugehen und diese auch als gelernte Grundkompetenz anzuerkennen.

Doch wann wird die konstruktive Kommunikation weniger zieldienlich? Und was bedeutet es, wenn die Kommunikation schleichend bis sehr schnell in einem negativen Muster endet und dem Ziel, sich zu verstehen und eine Botschaft zu transportieren, komplett abträglich wird?

Eine Kommunikationsveränderung ist begründet in der hormonellen Wirkung von Stress auf unser Wahrnehmungssystem. Unter Stress beginnt das, was eigentlich zieldienlich gedacht ist, ins Destruktive zu kippen. Was oft mit einer Kleinigkeit beginnt, die eigentlich nicht der Rede wert ist, steigert sich nun und trägt ihrerseits zu einer Erhöhung des Stresspegels bei. Und so ist Kommunikation mit einem gestressten Kommunikationspartner immer eine hohe Herausforderung.

Alle Menschen kommunizieren in einem persönlichen Stil grundsätzlich kongruent. Mit der Zunahme von Stress reduziert sich der kongruente Stil und wird immer weniger zieldienlich. Am Ende der Kette ist die Kommunikation hormongesteuert und die persönliche Kommunikationsstärke kann nicht mehr willentlich gesteuert werden. Die Kommunikation ist unter Stress auf »Automatikmodus« gestellt.

Kommunikationstypen

Um die positive Ausrichtung der Kommunikation auch in einer Typologie zum Ausdruck zu bringen, beobachtete ich die verschiedenen Kommunikationsstile auf ihre positiven wie negativen Begleiterscheinungen – und siehe da: Sie sind durchaus ausgewogen. In einem nächsten Schritt wurde jeder der von mir beobachteten Stile mit positiven Begriffen versehen, denn es scheint mir wichtig, nicht von vornherein durch negative Begrifflichkeiten, die oft nur scheinbar neutral sind, Wertungen ins Spiel zu bringen. Und so habe ich mich auch auf die typenbedingten Stärken konzentriert, die je nach Betrachtung auch bei einer Musterbeschreibung im Vordergrund stehen.

Bevor ich die Kommunikationstypen detailliert vorstelle, ist noch eine Vorbemerkung wichtig: Wir sollten uns von dem Gedanken verabschieden, dass ein Mensch nur von einem einzigen Kommunikationsstil geprägt ist. Während meines gesamten Berufslebens habe ich nur ein einziges Mal jemanden kennengelernt und auch getestet, der lediglich mit einem einzigen Kommunikationsstil agierte. Also lassen wir besser die Annahme hinter uns, es gäbe in der Regel einen reinen, klassischen Typ. In der Praxis stellt sich meist schnell heraus, dass Tendenzen von drei bis vier Typen festgestellt werden können – und zwei davon sind zwar unterschiedlich, aber stärker ausgeprägt. In der Regel treffen wir einen Haupttyp an, der von einem zweiten Neben-Haupttyp begleitet wird. Wenn Menschen dann unter Stress kommunizieren, wird in der Regel die stärkste Tendenz stärker, während die anderen Tendenzen abnehmen.

Die von mir beschriebene Typisierung von Kommunikationstypen sieht folgendermaßen aus:

Zielstrebiger Kommunikationstyp

Stärken

Person versucht schnell zu ihrem Ziel zu kommen. Dabei sind Gefühle nicht so wichtig, Hindernisse sind willkommen, um daran zu wachsen. Aufgaben und Probleme werden schnell und lösungsorientiert angepackt.

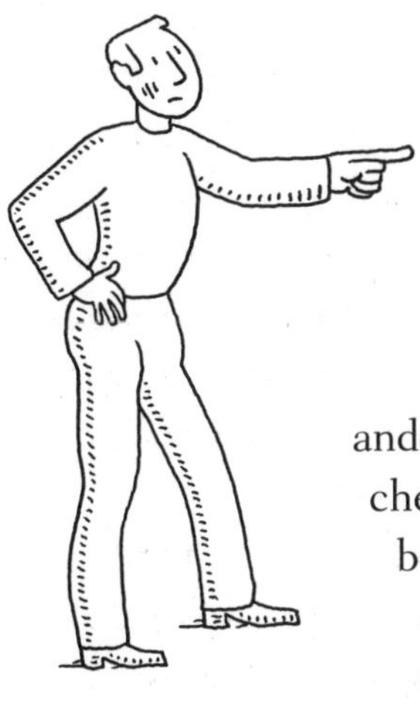

Wichtig unter Stress

Genaueres Zuhören und Geduld für andere Menschen kann Gefühlsausbrüche verhindern. Andere Personen nicht bedrängen und nicht bewerten, unbedingt auf Kontakt und Präsenz achten. Pausen machen.

Körperausdruck

Bestimmt, nach vorne gerichtete Kommunikation, fester Händedruck, Arme schnell erhoben. Zeigt ausgestreckten Finger. Stimme oft hart, laut oder schneidend. Wird als befehlend empfunden. Schnelle Bewegungen.

Kontinuierlicher Kommunikationstyp

Stärken

Ist beständig und ein guter Vermittler. Eine von ihm akzeptierte Haltung kann er gut durchtragen und mitmachen. Sorgt für Sicherheit und Stabilität. Beziehungen sind ihm wichtig und er hat gerne echten Kontakt. Engagiert sich gerne für andere Menschen oder ein Team. Treu und loyal.

Wichtig unter Stress

Grenzen setzen und anderen rechtzeitig mitteilen, Nein sagen lernen. Eigene Bedürfnisse klarer und schneller mitteilen. Konflikte ansprechen. Echten Kontakt in Beziehungen aufrechterhalten.

Körperausdruck

Eher nach hinten/rückwärts kommunizierend, Sprache langsam und leise, öfter gebeugt oder Beine nach innen gedreht. Wirkt wenig kraftvoll.

Kreativer Kommunikationstyp

Stärken

Kontaktfreudig, freundlich und herzlich, kreative Problemlösungsstrategien, optimistische Grundhaltung, humorvoll, will im Miteinander Anerkennung für sich und andere erreichen.

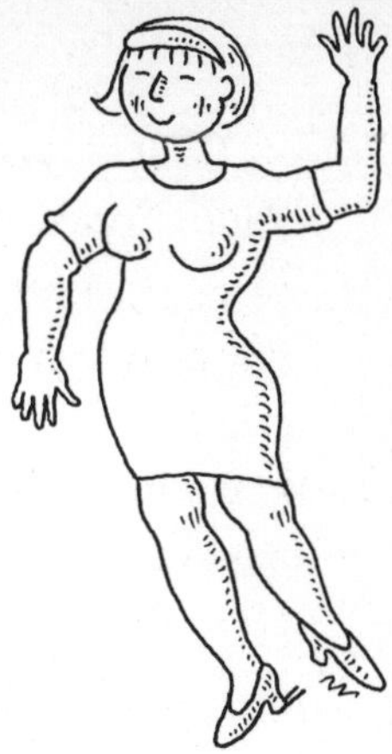

Wichtig unter Stress
Weniger bei unangenehmen Situationen ausweichen und ablenken. Sollte sich sein Ziel im Gespräch verdeutlichen. Auf wichtige Aufgabe konzentrieren.

Körperausdruck
Wirkt immer in Bewegung, Blick ist sehr abwechslungsreich. Kommuniziert eher nach vorne, wirkt locker.

Exakter Kommunikationstyp

Stärken
Sehr vernünftig und gut überlegt, kann Sachzusammenhänge gut erkennen und im Gespräch herstellen, analysiert und beherrscht die verschiedensten Zusammenhänge, sucht und findet logische Erklärungen. Stark bei Details, Regeln und Abmachungen.

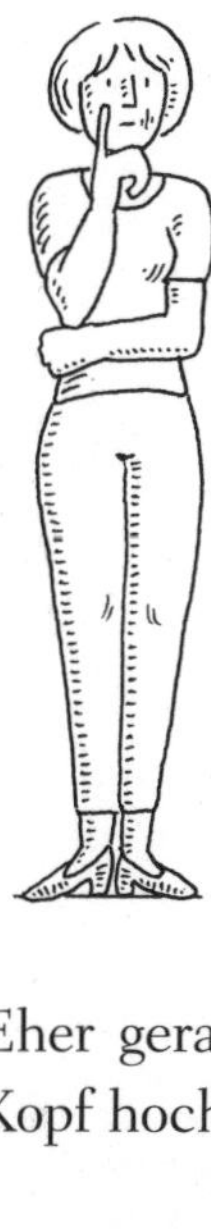

Unter Stress wichtig
Die Gefühle anderer berücksichtigen und als Fakt einbeziehen, nicht fehlerfrei sein wollen, Flexibilität zulassen, nicht recht haben müssen.

Körperausdruck
Eher gerade Haltung, weniger Bewegungen, Nacken und Kopf hochgehalten. Stimme klar, geradlinig, beherrscht.

Zwei Faktoren bewirken, dass ein Mensch von der positiven, Stärke geleiteten Kommunikation in ein Übermaß seines Typverhaltens abgleitet: wenn unterschiedliche Kommunikationsarten und Stile aufeinanderprallen und wenn Stress, auch unabhängig von der Kommunikationssituation, in einem der beiden Partner vorhanden ist.

Wenn Kommunikationstypen aufeinandertreffen, gibt es in der Regel verschiedene konstellationsbedingte Regelmäßigkeiten. Stress erzeugende Kommunikationskonstellationen bilden sich bei ausgeprägten Gegensätzen:

Kontinuierlich trifft Zielstrebig

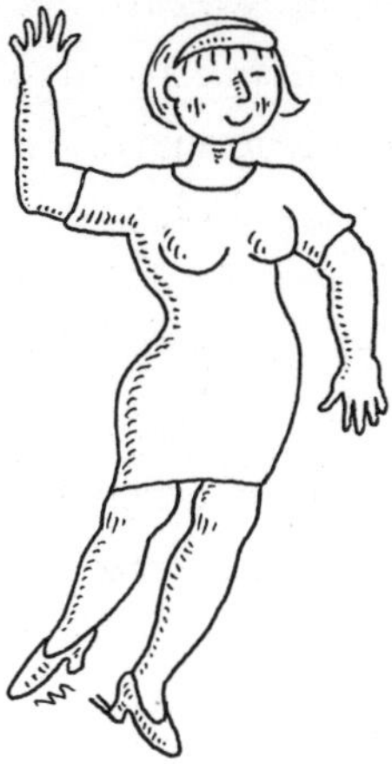

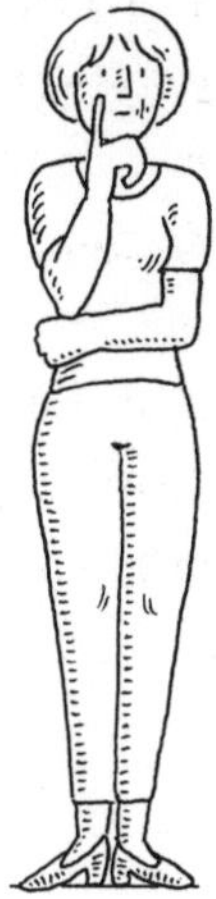

Diese beiden Konstellationen besitzen das höchste Stresspotenzial. Einerseits bilden sie gegensätzliche Pole, und wenn Menschen mit diesen unterschiedlichen Eigenschaften aufeinandertreffen, ergänzen sie sich grundsätzlich auch sehr gut. Allerdings wird dies durch regelmäßig einsetzende, kommunikative Missverständnisse erschwert. Gerade in Arbeitsteams kommt es dann zu zeitraubenden Auseinandersetzungen.

Wenn jemand sich in einem Stresszustand befindet, bringt er den Stressfaktor in die Kommunikation mit ein. Diese Person wird mit ihrer Persönlichkeit in dem Maße destruktive Kommunikationsmuster entwickeln, wie sich auch die Produktion von Stresshormonen steigert. Die nachfolgende Tabelle zeigt die plausiblen Konsequenzen.

Auswirkung von Stress auf die Kommunikation

kein Stress	=	hoch effektive Kommunikation
wenig Stress	=	gute Kommunikation
deutlicher Stress	=	Kommunikation wird schlecht
hoher Stress	=	gestörte Kommunikation
Burn-out	=	Kommunikation konflikthaft oder unmöglich

Unter Stress treffen dann auch die Bezeichnungen von Virginia Satir zu und die positive Stärke wird zur kommunikativen Schwäche:

kein/wenig Stress →	ziel-strebig	kreativ	konti-nuierlich	exakt
deutlicher Stress →	ankla-gend	ablen-kend	be-schwich-tigend	rationa-lisierend
hoher/höchster Stress →	verlet-zend	aus-rastend	provozie-rend	zynisch

Stress verschlechtert jede Kommunikation

Wenn Stress einen Menschen seelisch besetzt, wird das ganze Umfeld belastet. Es gilt dabei als erwiesen, dass es unerheblich ist, in welchem Kontext sich Stress gebildet hat. Die Kommunikation des Stressbetroffenen wirkt sich jedenfalls in allen Bereichen aus. Arbeitsstress wird beispielsweise in die Partnerschaft und Familie getragen und Ehestress wird mit in die Arbeit genommen. Das ist auch die naheliegende und plausible Erklärung dafür, dass das Belastungsempfinden eines Betroffenen nicht sinkt, sondern weiter steigt und die immer schlechter werdende Kommunikation einen wichtigen Beitrag dazu leistet – und immer weniger ausgleichende Lebensbereiche zur Verfügung stehen.

Burn-out: Erstarrung und sich im Kreis drehen

Oft bewirkt dann Burn-out das erste Mal eine Auszeit und den nötigen Stopp einer Kette von ungut empfundenen Abläufen. Wenn die betroffene Person erstarrt, also in ein inneres *Freeze* kommt, können auch die »unguten« Kommunikationsprozesse nicht mehr fortgesetzt werden. Ist kein *Freeze* in der Persönlichkeit eingetreten, dann ist redundantes Verhalten, ein Drehen im Kreis, zu beobachten. Es wiederholt sich alles ständig, und lediglich die Heftigkeit der Kommunikation wird zunehmen.

Unter diesen Bedingungen ist es wichtig, dass sich das persönliche Umfeld des Betroffenen der Situation bewusst ist und gegenüber Konflikten, die bereits vor dieser persönlichen Krisensituation entstanden sind, Toleranz aufbringt. Denn im Burn-out-Zustand ist eine Lösung vorangegangener Konflikte nicht möglich. Besser ist es, Themen für eine gewisse Zeit zu parken. Wenn dann die gleichen Inhalte zu einem späteren Zeitpunkt mit klarem Kopf und wieder funktionierender neuronaler Plastizität betrachtet werden, werden die Dinge auf einem ganz anderen Niveau verstanden.

Für Coachs ist es besonders wichtig, solche Kommunikationsprozesse und -konflikte so früh wie möglich zu erkennen und zu stoppen.

Stresspropyhlaxe im Betriebsalltag

Vor schon längerer Zeit begleitete ich ein Projekt, welches hohe zeitliche wie fachliche Anforderungen an ein Team von 130 Informatikern stellte. Die »heiße« Phase war planbar und auf drei Monate beschränkt. Zum Auftakt eines flankierenden Begleitprogramms wurden allen 130 Mitarbeitern Fachinformationen zum Thema Stress, Umgang mit Belastung und Stress und Stresskommunikation zur Verfügung gestellt. Außerdem wurden während der drei Monate sechs bis acht sogenannte Stressinseln gebildet, die von Gruppen von acht bis zwölf Kollegen besucht werden konnten. Dort wurden Möglichkeiten zur Gruppenentspannung mit der Methode der Neuroimagination, kombiniert mit Körperübungen, angeboten. Begleitend dazu wurde die Kommunikation unter Stress geschult. Dabei war die Sensibilisierung für durch Stress entgleitende Kommunikationsabläufe ein wichtiger, die Selbstverantwortung steigernder Faktor.

Der Zweck dieser Maßnahme wurde nach Einschätzung und Auswertung des Projektleiters voll erreicht: Erzielung des gewünschten Arbeitsergebnisses zum gewünschten Zeitpunkt, niedriger Level der auftretenden Konfliktgespräche und Krankenstand auf normalem Niveau. Ein Teamleiter drückte es so aus: »Allein die bewusst verhinderten Kommunikationspannen in meinem Team machen schon einen hohen sechsstelligen Betrag aus.«

Persönlichkeitsstärkung statt Schuldsuche bei anderen

Wenn Stress ungebremst und voll zugeschlagen und der Burn-out-Zustand einen Menschen getroffen hat, quälen den Betroffenen immer Selbstzweifel. Mit all seiner gewohnten Kraft versucht er wieder in Aktion und in Veränderung zu kommen, aber er hat immer das Gefühl, seine Kraft befände sich wie hinter einer Mauer. Oder wie eine 38-jährige Klientin einmal zu mir sagte: »Ich fühle mich die ganze Zeit so, als müsste ich durch einen dicken Schaum hindurchgehen, der sogar noch zunimmt, je mehr ich mich anstrenge. Ich werde mit der zunehmenden Kraft, die ich verbrauche, immer langsamer.«

In diesem Zustand kann es sehr erleichternd wirken, wenn es für den betroffenen Menschen einen Schuldigen für die Situation gibt – und/oder wenn dies von Menschen in der Umgebung, in den Medien oder in den Fachberichten so dargestellt wird. Auch erfolgsgewohnte Menschen finden hier endlich einmal die Legitimation, Selbstverantwortung abzutreten.

Dies hilft aber nicht weiter – zumal eine sehr wichtige Ursache des Burn-out nur durch die wahrgenommene Selbstverantwortung überwunden werden kann: mangelnde Selbstabgrenzung als Grundlage der persönlichen Selbstfürsorge. Das Kennen, Akzeptieren und Umgehen mit den eigenen Grenzen ist eine Grundvoraussetzung für persönliche Stabilität. Da die Grenzen bei jedem Menschen sehr individuell ausgeprägt sind, ist Wahrnehmung und Akzeptanz der eigenen Grenzen in unserer Zeit, in der jede Grenze der Gesellschaft gerne gedehnt und Grenzüberschreitungen wie bei Abenteuersportarten kultiviert werden, ein infrage gestelltes Gut. Dafür muss jeder einzelne Mensch die Verantwortung übernehmen, genauso für das, was er braucht, um gesund zu bleiben.

Stress zu erleben ist immer eine innere biochemische Reaktion auf das, was außerhalb des Körpers geschieht. Es kommt dabei darauf an, in welcher Weise sich der einzelne Mensch oder eine Gruppe sich dieser Außensituation stellt und wie diese Situation innerlich bewertet und verarbeitet wird.

Ein Programm zur bewussten Stressüberwindung kann in diesem Zusammenhang hilfreich sein. Ich habe häufig erlebt, dass mit der Stresskompetenzstärkung auch eine Persönlichkeitsstärkung einhergeht. Und diese gestärkten Persönlichkeiten sind besser als andere in der Lage, für sich und die eigenen Anliegen und die Wahrnehmung der eigenen Grenzen selbst zu sorgen. In den meisten Fällen werden sie anschließend nicht als bequemere Mitarbeiter wahrgenommen, sondern eher als solche, die klar Position beziehen und bei Bedarf auch schon einmal Nein sagten. Neben dem individuellen Nutzen ist der Nutzen solch gestärkter Persönlichkeiten offenkundig:

Gestärkte Persönlichkeiten leisten in der Regel einen deutlicheren Beitrag für den erfolgreichen betrieblichen Ablauf als unter Stress leidende Personen. Sie verstehen es meist, in der Balance zu bleiben, und sichern so langfristig den Unternehmenswert.

III Energie und Vitalisierung

Die Idee vom inneren Feuer

Dieses Bild ist zur festen Chiffre für den Begriff »Burnout« geworden: das Ausbrennen. Es hat sich in unserer Gesellschaft stark verankert. Dieses Konzept vom Ausbrennen wirkt aber nur auf den ersten Blick einleuchtend. Seit ich mich mit ihm auseinandersetze, hat es für mich einen hohen und durch nichts zu legitimierenden Bedrohungscharakter. Mit ihm verbunden ist ja der Gedanke, wir Menschen hätten und bräuchten eine innere Energiequelle, die uns hilft zu leben und zu arbeiten, und unsere Kraft sei von dieser Energiequelle abhängig. Konsequent weitergedacht haben wir also sozusagen einen inneren Treibstofftank, der dafür sorgt, dass das Lebensfeuer so lange richtig brennt, solange der Betriebsstoff vorhanden ist. Und was, wenn die Balance zwischen Tanken und Verbrauchen nicht mehr gewahrt ist? Dann geht halt nichts mehr – ebenso wie im Burn-out-Zustand.

Doch dieses visuelle Gleichnis verdreht die Realität der Abhängigkeit und liefert das Erklärungs- und Entschuldigungsmuster, warum die Ursache gerne und ständig nicht beim betroffenen Menschen selbst, sondern im Außen, beim Arbeitgeber, der Umwelt oder anderswo gesucht wird. Auch ist dieses Konzept Nährboden für ein Denken und eine Haltung, dass man durch Ausruhen, Nichtstun und Zufuhr von Wohltaten wie Massage, Sauna, gutes Essen, Erholung in der Hängematte oder am Strand in der Karibik wieder auftanken könne. Eine ganze Spa- und Wellnessindustrie lebt davon.

Aber die Tatsache, dass ganze Wirtschaftbereiche davon profitieren, beweist noch lange nicht, dass das Konzept richtig ist. Denn der Mensch ist kein Auto und funktioniert demzufolge anders. Seine Energie kommt nicht vom Tanken von außen, sondern ist abhängig von einem Vitalisierungsprozess von innen. Wellness wirkt nur dann, wenn sie den inneren Vitalisierungsprozess begünstigt, aber sie kann genauso wenig für die innere Balance sorgen wie eine Gehaltserhöhung oder die vermehrte Respektierung von Dritten.

Auftanken geht nicht durch Nichtstun

Der Betroffene lenkt sein Denken nach diesem Konzept komplett auf das Defizit beim »Brennstoff«. Die Konzentration darauf steuert die innere Erwartungshaltung und verhindert die Aktivierung der eigenen vitalisierenden Verhaltensmuster. Was im ersten Augeblick wie ein Rettungsmuster gegen Stress und Überanstrengung wirkt, verlängert sich schnell in eine Haltung, in der der Betroffene sich quasi in sein Schicksal gibt, sich dadurch schon entlastet fühlt und dann darauf wartet, dass die Energie schon wiederkommt. Da der Vorgang aber mit einer »Energielieferung« von außen verwechselt wird, kann er – bildlich oder real – in seiner Hängematte lange warten.

Der Betroffene wird aber mit der Zeit feststellen, dass er vom Nichtstun nicht etwa kräftiger und energievoller wird, sondern nur noch schlapper und schlapper. Die Unzufriedenheit steigt weiter. »Jetzt habe ich mich drei Wochen lang erholt, nichts getan, und ich fühle mich immer noch so müde. Ich glaube, im nächsten Urlaub muss ich mal fünf Wochen am Stück freimachen, sonst erhole ich mich ja nie!«

Doch das ist ein Irrtum: Auch fünf Wochen werden bei diesem Versuch der Entspannung nichts bringen. Man wird durch Nichtstun nicht munterer, vor allem wenn einem bei der Rückkehr ins Alltagsleben nur das Gleiche erwartet, das man bisher schon als energieabsaugend empfunden hat. Die Lösung liegt in Aktivität und im Wechsel von Anspannung und Entspannung. Nur so, durch Bewegung und Rhythmus, wird die innere Energie aktiviert und kann gespürt und genutzt werden. Wir werden im Kapitel »Neuroimagination: Soforthilfe bei Stress und Burn-out« näher darauf eingehen.

Vitalisierung – ein Gegenentwurf

Um die Grundlage von Burn-out zu verstehen, scheint es mir notwendig, sich erst einmal mit dem Zustand zu beschäftigen, den es entweder zu erhalten oder zu erreichen gilt. Es ist der Zustand der inneren Ausgeglichenheit, des kraft- und energievollen Fühlens, die Empfindung von innerer Ruhe und großer Kraft – und dies alles auf der Basis der eigenen Balance. Wir alle kennen diesen Zustand, aber ist er für uns auch immer Normalität? Wahrscheinlich nicht, aber in der Regel orientiert sich unsere Intuition daran, das zu tun, was uns in diesem Zustand hält.

Wir gehen dabei vom Gedanken der Erhaltung der Körperenergie als Grundlage unserer inneren Kraft aus. Sie wird gespeist aus biochemischen Vorgängen, die durch äußere Anregungen, Dynamik und Ruhe sowie Anspannung und Entspannung den Kern unserer inneren Lebensmotivation bilden. In dem Moment, wo sich diese biochemischen Vorgänge und mit ihnen die psychischen und physischen Befindlichkeiten nicht mehr miteinander im Einklang befinden, treten unterschiedliche Störungen auf. Burn-out ist eine von ihnen.

Diesen Vorgängen stellen wir ein Vitalisierungsmodell entgegen, welches die Grundlage der später näher beschriebenen Methode Neuroimagination bildet. Es hilft bei der Revitalisierung der betroffenen Klienten und wird durch ein Coachingkonzept unterstützt. Insgesamt ist das Konzept der Neuroimagination, mit dem wir seit 2002 arbeiten, nicht wirklich neu, sondern es handelt sich um eine Integration neuester psychologischer und psychotherapeutischer Kenntnisse, neurobiologischen Wissens aus der aktuellen Hirnforschung und der Verwertung von altem Wissen verschiedenster Schulen. Durch einen konsequenten Vergleich von alltäglichen Erfahrungen mit dem aktuellen Wissen und den Erkenntnissen aus der Hirn- und Stressforschung konnte eine hohe Wirksamkeit erreicht werden.

Vitalisierung als Grundlage der inneren Balance

Der Mensch ist ein bedürfnisgesteuertes Wesen. Wenn er ein Bedürfnis verspürt, führt dies zu Anspannung, und die Bedürfniserfüllung bewirkt Entspannung. Anspannung ist also das Ergebnis eines verspürten Bedürfnisses und setzt einen biologischen Prozess in Gang. Hormone werden bereitgestellt, und der Körper spürt dies in Form von Kraft und Vitalität. Wenn diese Kraft in Handlung umgesetzt werden kann, werden die Hormone abgebaut. Wenn diese Handlung auch noch der Bedürfniserfüllung dienlich war, setzt Entspannung ein.

Der Wechsel zwischen Anspannung und Entspannung vitalisiert den Menschen immer dann, wenn er eine berechtigte Chance auf Bedürfniserfüllung erkennen kann. Wenn dies nicht der Fall ist und der Mensch diese Hormone nicht in Energie umsetzen kann, gleichzeitig das Bedürfnis eher steigt statt abnimmt, nimmt auch die Anspannung zu. Hält dieser Zustand unverändert über längere Zeit an, bildet sich damit die Grundlage für ein gestörtes inneres System. Das komplette vegetative Nervensystem ist mit seinen ganzen Steuerungsfunktionen von dieser Balance abhängig und kann dann die Hormone, die für den Energieschub in Richtung Entspannung verantwortlich sind, nicht mehr veranlassen, dies auch wirklich umzusetzen.

Im Rahmen von Bedürfnisbefriedigung und Entspannung ist es wichtig, die Grundbedürfnisse der Menschen zu kennen. In Anlehnung an Wilhelm Reich geht es darum, das Gegenteil von Angst zu suchen. Reich verwendet dafür den Begriff »Lust«. Das Vier-Säulen-Konzept der Neuroimagination bevorzugt stattdessen den Begriff »Sicherheit«.

Nach unserem Verständnis ist das Grundstreben des Menschen also Sicherheit. Wann fühlt sich der Mensch in Sicherheit? Dann, wenn er sich

- in stabilen Beziehungen befindet und
- sich entwickeln, also wachsen kann.

Gehen wir also von der Grundannahme aus, dass soziale Beziehungen und ihre Gestaltung die Grundlage der Entwicklungs- und Wachstumsmöglichkeiten bilden und diese wiederum die Grundlage jeglicher Gesundheit darstellen. Der Gehirnforscher Gerald Hüther kommt zu ähnlichen Resultaten, wenn er von Beziehung und Lernen als den beiden lebenslangen Entwicklungs- und Erstrebensfaktoren der Menschen spricht.

Anspannung und Entspannung statt Erstarrung

Der Mensch pendelt stets zwischen den Polen Anspannung und Entspannung. Anspannung wird durch eine Herausforderung, eine Aufgabe, ausgelöst, die immer auch Teil eines sozialen, also beziehungsorientierten Vorgangs ist. Demgegenüber tritt Entspannung dann ein, wenn die Herausforderung zufriedenstellend erreicht ist. In dieser Entspannung sind Erholung und Regeneration integrale Bestandteile. Energiegeladen fühlen wir uns dagegen dann und dadurch, wenn wir Aufgaben und Herausforderungen, also Ziele erkennen, für die es sich lohnt, aktiv zu werden, und wo die Erreichung dieser Ziele mit den zur Verfügung stehenden Mitteln auch realistisch erscheint.

Die Aussicht auf Erfolg schafft einen hormonellen Zustand, der uns Kraft schenkt. Und Erfolg können wir immer dann stark empfinden, wenn wir auf der Beziehungsebene weitergekommen sind – das heißt, wir fühlen uns von einer wichtigen Person oder in einer Gruppe gut anerkannt und gebunden. Außerdem bereichert uns das Erlebnis persönlich. Unser ganzes Handeln ist, nach archaischen Mustern betrachtet, auf diese beiden Faktoren zurückzuführen.

Um dies zu verdeutlichen, lohnt es sich, das Ganze auch einmal von einer anderen Seite zu betrachten. Nichts gibt uns mehr Kraft, aktiv zu werden, als wenn wir einen Feind haben. Und wenn wir angegriffen werden, dann sind Verbündete und gute Beziehungen sehr wichtig. Wenn wir dann sogar die Chance sehen, unseren Gegner gemeinschaftlich zu besiegen, werden unglaubliche Anstrengungen fernab jeder vernünftigen Überlegung freigesetzt. Dies erfolgt im persönlichen Einzelfall genauso wie im Kollektiv, wie wir es durch alle Kriege dieser Welt leider immer wieder vorgeführt bekommen. Und wie viel Kraft entwickelt der Einzelne oder das Kollektiv zum Angreifen oder Wegrennen, also zum Angriffs- oder Fluchtverhalten! Die dritte Variante, die uns die Natur mitgegeben hat, ist die Erstarrung, die dann eintritt, wenn kein Ausweg mehr möglich scheint und uns das Gefühl einer hoffnungslosen Situation beherrscht.

Wir treffen die archaischen Muster auch im modernen Alltag an. Wie viel lässt sich davon mit dem Leben eines Managers, eines Angestellten, einer Mutter oder eines Politikers vergleichen? Wie viele Menschen leben so, als wären sie nicht einfach in Eile, sondern gar auf der Flucht? Und wie ähnelt die Sprache unserer Wirtschaftsbosse der Sprache der militärischen Kriegsführung? Wenn wir die eben erwähnte Erstarrung vergleichen mit dem Burn-out-Zustand, sind die damit verbundenen Ähnlichkeiten offenkundig.

Die Bedingungen des Burn-out sind dann erfüllt, wenn eine Aufgabe als derart wichtig erachtet wird, dass die Erfüllung ein absolutes Muss ist und die Möglichkeiten, die Ressourcen zur Erfüllung der Aufgabe gleichzeitig nicht gegeben erscheinen. Unabhängig von der Art der Ressourcen erschweren solche Aufgaben, bei denen man von anderen Menschen abhängig ist, die Wirkung des Ohnmachtsgefühls. Wenn es nur um die eigene, vielleicht fachliche Leistungsfähigkeit geht, könnte ja noch eine Lösung gefunden werden.

Wenn aber vom Unternehmen die zeitlichen, materiellen oder anderen Ressourcen nicht zur Verfügung gestellt werden und gleichzeitig der Druck wächst, kommt es schnell zu einer Kumulation der Probleme. Wenn sich dann solche Aufgaben häufen, steigert sich die Situation zu einer Belastung, die nicht wirklich ein Ende findet. Es gibt auch Betriebskulturen, bei denen Wettbewerb und Konkurrenz gerade in Zeiten von Restrukturierungen, Fusionierungen und Stellenabbau ein grundsätzlich vorhandenes spannungsvolles Beziehungsklima steigern: nämlich dann, wenn die Frage auftaucht, wer in der Firma morgen noch gebraucht wird und wer nicht. Und sprechen wir in der Wirtschaft nicht von einem Überlebenskampf?

Ich habe Menschen erlebt, die ohne wirkliche Notwendigkeit über Jahre einem solchen Druck ausgesetzt waren und nicht im Ansatz darüber nachdachten, ob es für sie in einem anderen Betrieb vielleicht besser sein könnte.

So kann die eigene Vitalisierung ein recht anstrengender Prozess sein, ständig wechselnd zwischen Angriff oder

Flucht. Es sind nicht wenige Manager, für die ich im Laufe der Jahre eine echte Bewunderung aufbringe: ständig in einer Hab-Acht-Stellung, ständig prüfend: Wer ist für mich eher unterstützend, und wer ist mein Feind? Und je höher ich mit Coaching in den Führungsetagen arbeite, umso mehr Energie wird für diese Formen des Machterhalts notwendigerweise aufgebracht.

Kraft durch Höchstleistung

Wenn ein Mensch mit dem grundsätzlichen Gefühl der Sicherheit nach innen und außen ausgestattet ist, kann er dauerhaft und fortgesetzt Höchstleistungen vollbringen. Er löst Aufgaben, die ihn herausfordern, denen er aber auch gewachsen ist. Eingebunden in ein wohlwollendes persönliches und berufliches Umfeld, verbunden mit Menschen, die ihn unterstützen, die Möglichkeit vor Augen, persönlich und mit der eigenen Abteilung voranzukommen, wird er mit seinen Aufgaben und an seinen Leistungen wachsen. Zwar wird er sich vielleicht am Abend oder am Wochenende erschöpft fühlen. Diese Erschöpfung wird aber mit einem guten Schlaf, spannenden Gesprächen, guter Lektüre, dem Besuch eines Konzertes oder einer sportlichen Betätigung ausgeglichen. Im gesunden Zustand ist die Kraft für eine ausgleichende aktive Betätigung vorhanden – und das persönliche Weiterkommen, das persönliche Wachstum macht stolz.

So ist das Vitalisierungskonzept zu verstehen: Die Kraft kommt durch Herausforderung und der daraus folgenden Aktivität. Ziele regen an und aktivieren.

Wenn wir die Vitalisierung genauer betrachten, müssen wir uns auch der Bedeutung der Stresshormone widmen. Die Kraft, die wir spüren, wenn wir eine durch ein Bedürfnis begründete Aufgabe wahrnehmen, ist immer die Folge eines komplexen Wahrnehmungsvorganges und ein ständig stattfindender Prozess.

Wenn eines unserer Sinnesorgane irgendeinen Reiz in unser Gehirn sendet, ist dies immer das Resultat eines Zusammenspiels aller Sinnesorgane, auch wenn dies von uns nicht bewusst wahrgenommen wird, sondern unwillkürlich in einem Bruchteil von Sekunden abläuft. Wenn ein Reiz dem Gehirn gemeldet wird, überprüft in allen Fällen die Amygdala (Mandelkern) diesen Reiz mit im Großhirn abgelegten Erfahrungen. Aufgrund dieser Überprüfung wird die zur Bewältigung dieses Reizes notwendige Hormonproduktion ausgelöst.

In unserem Körper spielt sich ein hochkomplexer Vorgang der Hormonproduktion ab, bei dem die Hirnanhangsdrüse, die Schilddrüse und die Bauchspeicheldrüse aktiv werden und koordiniert den Körper mit Hormonen versorgen. Adrenalin ist das erste Krafthormon, welches wir zu jeglicher Aktivität brauchen.

Gleichzeitig könnten wir, wenn wir darauf achten würden, im Körper wahrnehmen, wie sich die Gefäße verändern. Sie erweitern sich oder ziehen sich zusammen, um Bluttransport und -zirkulation optimal zu organisieren. Davon sind alle Gefäße betroffen; der ganze Körper arbeitet hoch koordiniert zusammen. Und all dies ist geschehen, bevor wir mitbekommen haben, was eigentlich geschehen ist, da der Reiz noch nicht in unserem Bewusstsein angekommen ist. Dies passiert erst dann, wenn die Information von der Amygdala zum Hippocampus weitergeleitet wurde und von dort die einzelnen Sinnesinformationen der Sinnesorgane sortiert und zusammengeführt wurden. Auch dann wissen wir noch nichts vom eigentlichen Auslösereiz, da diese Information erst als Ganzes in die andere Hirnhälfte zum Broca-Zentrum weitergeleitet wird. Erst dann können wir mit unserer Logik und Vernunft auf diese Information zugreifen und auch mit unserer Sprache die Wahrnehmung benennen und darüber sprechen.

Bis dies geschieht, hat unser Körper schon längst die Situation bewertet und darauf reagiert, er hat unser Bedürfnis fernab jeglicher bewusster Steuerungsmöglichkeit bemessen und die entsprechenden Hormone in jeder der Situation angemessenen »Mixtur« ausgeschüttet. Mit diesem körperlichen Zustand können wir dann entsprechend auf die Situation reagieren. Erst danach kann sie als beendet bewertet und in unserer »Bibliothek«, dem Großhirn, abgelegt werden.

Wenn die Amygdala aufgrund der im Großhirn gemachten und weitergeleiteten Bewertung der Reizinformation einen Bedrohungszustand ankündigt, wird eine höhere Portion Stresshormone ausgeschüttet. Wir merken zum Beispiel einen Unterschied, ob wir einen uns sehr sympathischen möglichen Sexualpartner wahrnehmen – oder eben nicht. In beiden Fällen erleben wir eine entsprechende Körperreaktion, bevor wir mit unserem willenssteuerbaren Teil des Gehirns etwas davon mitbekommen. In beiden Fällen resultiert aus dieser Sinneswahrnehmung eine Aufgabe, wie mit der Situation umzugehen ist. Die subjektiven Bewältigungsmöglichkeiten steuern nun die Höhe des Stresshormons Cortisol, welches das Krafthormon Adrenalin begleitet. Mit diesem bekannten Hormonmix wird die jeweilige Aufgabe angegangen.

Die aus der Sinneswahrnehmung resultierende Aufgabe wird nach Schwere, Bedeutung und danach eingeschätzt, wie sie bewältigt werden kann. Je schwieriger die Aufgabe erscheint, desto mehr hormoneller Betriebsstoff wird produziert. Und wenn dann die Aufgabe bewältigt ist, wurde Adrenalin verarbeitet, Cortisol reduziert sich und der Mensch kommt in die Entspannung. Die vorher angespannten Gefäße weiten sich, der ganze Blutfluss wird ruhiger, was sich erholend auf den ganzen Körper auswirkt.

Das Zusammenspiel von Stresshormonen und Immunbotenstoffen

Da die Selbstheilung des Menschen enorm vom Zusammenspiel von Stresshormonen und Immunbotenstoffen abhängt, sollten wir uns damit kurz näher beschäftigen. Vorweg weise ich darauf hin, dass ich mich hier auf den Stand der momentanen Forschung berufe – und damit auch auf den gegenwärtigen Erkenntnisstand über diese Stoffe. Ich gehe davon aus, dass die Abläufe wahrscheinlich viel komplexer sind und die Erkenntnis darüber in 50 oder 60 Jahren viel weiter fortgeschritten sein wird. Vermutlich wird dann die Biochemie des Menschen mit anderen Methoden erforscht und dementsprechend die ganze Komplexität weiterführend entschlüsselt werden können.

Wenn wir uns mit Burn-out beschäftigen, ist es wichtig, die Funktionsweise unseres Immunsystems zu kennen: Das Hormon Cortisol steigt – tageslichtabhängig – gegen Tagesanbruch an und ist zuständig für das Aufwachen des Menschen. Der Schlaf wird durch den Anstieg des

Cortisolspiegels leichter und langsam werden wir dann, etwa zwei Stunden nach dem Cortisolanstieg, so wach, dass wir nicht mehr zwingend einen Wecker brauchen. Unter diesem Aspekt ist der Schlaf vor Mitternacht tatsächlich von Bedeutung, da sich die cortisol-ärmere Zeit entsprechend verlängert. Am Abend, auch wieder lichtabhängig und beispielsweise an Sonnenuntergang und Dämmerung gekoppelt, steigen die Immunbotenstoffe im Körper an und sorgen dafür, dass wir müde werden.

Diese Balance ist für unsere Vitalisierung von enormer Bedeutung: Der Tiefschlaf – ein Schlafzustand, in dem wir mit unserer Frequenz und Körpertätigkeit ganz stark absinken – ist nötig, um Erholung in der zur Verfügung stehenden Zeit zu erreichen. In diesem Tiefschlaf findet Regeneration auf körperlicher Ebene statt, während gleichzeitig Erlebnisse im Gehirn verarbeitet werden können.

Erlebnisverarbeitung im Gehirn

Wenn wir uns im Tiefschlaf befinden, träumen wir sehr intensiv, ohne dass wir dies mitbekommen, denn dazu schlafen wir zu tief und zu fest. An Träume können wir uns nur dann erinnern, wenn wir direkt im Anschluss an den Traum eine Wachphase haben, die mindestens sieben Sekunden dauern muss; ansonsten nehmen wir von dem Traum nichts wahr.

Wenn wir also tief schlafen und intensiv träumen, werden Erlebnisse, die wir nicht verarbeitet haben, aus dem limbischen System im Gehirn sortiert und in der »Bibliothek«, im Großhirn, abgelegt. Erst dort werden die Erlebnisse auf Gehirnebene als beendet codiert. Belastende, unverarbeitete Erlebnisse können so im Schlaf verarbeitet und auf rein körperlicher Ebene beendet werden – nicht etwa auf seelischer oder psychischer Ebene. Durch die Traumaktivität werden auf neuronalem Gebiet aus Belastungssituationen bewältigte Erlebnisse, an die man sich mehr oder weniger unbeschwert erinnern kann.

Regeneration in Körper und Geist

Während ein Mensch sich im Tiefschlaf befindet und sich im Traum mit den Belastungssituationen auseinandersetzt, erlebt der Körper oft alle Körperempfindungen noch einmal wie in der Belastungssituation.

Eine Besonderheit, um die es hier nicht gehen soll, ist das Nachvollziehen von Erlebnissen, die traumatisch und subjektiv existenzbedrohend erlebt wurden. Hier kommt es zum Erwachen und der Schrecken ist dem Betroffenen voll im Bewusstsein. Aber dies ist in der Regel nicht eine Verarbeitung, sondern eine Wiederholung des schrecklichen Ereignisses.

Der »Normalzustand« ist eine Regeneration des Geistes im Tiefschlaf. Belastungen aller Art ohne traumatisches Potenzial werden so verarbeitet.

Wenn ein Traum solch eine Belastung im Gehirn verarbeitet und der Mensch dabei auch schlafend im Körper die Situation durchlebt hat, dann fühlt sich die Person am nächsten Morgen ausgeruht, frisch und befreit.

Auf der körperlichen Ebene findet dann aber noch etwas ganz anderes statt. Die Blutkörper setzen im Tiefschlaf die Reinigung des Blutes und damit des ganzen Organismus in Gang und sorgen dafür, dass die normale Abwehr von Krankheiten gewährleistet ist. Das Immunsystem kann in der Tiefenentspannung des Tiefschlafs ungehindert arbeiten und wirken.

Hierbei kommt auch die Zellerneuerung zum Zuge. Es entzieht sich oft unserer Kenntnis oder Aufmerksamkeit, dass die menschlichen Zellen einem ständigen Erneuerungsprozess ausgesetzt sind. Alte Zellen sterben ständig ab, je nach Region unterschiedlich schnell, neue entstehen. So befindet sich unser ganzer Körper in einem ständigen Erneuerungsprozess, der uns einerseits gesund und andererseits frisch und vital hält. Im Tiefschlaf kann sich die Kraft der Zellerneuerung voll entfalten.

Körpereigene Energieproduktion oder: Das innere Kraftwerk

Wenn die Balance hergestellt ist, kann der Körper Höchstleistung erbringen und hohe Konzentration und Leistung über längere Zeit zielgerichtet einsetzen. Durch dieses System der An- und Entspannung bleibt das energetische Erleben des Menschen konstant. Auch wenn die Belastung zwei oder drei Tage ein vernünftiges Maß überschreitet, ist das kein Problem; es ist genügend Kraft vorhanden, auf die man zugreifen kann.

In diesem Zustand ist es eher hinderlich, wenn der Mahnfinger erhoben und der Person für ihren hohen Einsatz mit gesundheitlichen Folgen gedroht wird. Wenn die für jeden Menschen individuell unterschiedliche Balance und die eigene Lebensperspektive gewahrt bleiben, bleibt auch der Mensch vital und leistungsfähig.

Es gibt allerdings auch genügend Beispiele, dass die Gesundheit dann dramatisch einbricht, wenn die Leistungserbringung nicht mehr möglich und damit die subjektive Wachstumsmöglichkeit im Beruf verhindert ist. So wurde mir vor Kurzem im Coaching der Fall von zwei Brüdern vorgetragen, die im Alter von 64 und 65 Jahren ihr gemeinsames Geschäft verkauft hatten und dann innerhalb der nächsten zwei Jahre im Abstand von einem halben Jahr verstarben. Dabei waren beide vorher kerngesund und hoch aktiv gewesen.

Krankheitsbeschreibungen gibt es mehr als genügend, genauso werden ganze Bücher darüber gefüllt, was ein Burn-out ist oder sein soll und wie er sich auswirkt. Aber wie fühlt es sich an, wenn die köpereigene Energiefabrik richtig gut funktioniert, wenn ein Mensch vitalisiert ist und das Gegenteil von Burn-out sich zu einem sicheren Empfinden herausgebildet hat?

Der gewünschte Zustand: vitalisiert, erholt, fit und voller Tatendrang

Ausgeruht nach genügend Schlaf fühlt sich der Mensch erholt, fit und gesund. In diesem Zustand werden uns keine kleinen Bakterien oder Viren gefährden und wir sind in einer optimistischen Grundstimmung. Wir fühlen uns erholt und spüren Kraft und Energie in unserem ganzen Körper, um Ideen, Wünsche und Vorhaben anzupacken. Herausforderungen können wir meist gelassen einschätzen und zu ihrer Bewältigung können wir unsere Kraft einsetzen. Wir freuen uns auf den Kontakt mit Menschen und können Beziehungen, die uns bereichern, von Beziehungen, die uns schaden, unterscheiden. In von uns gewählten Beziehungen können wir unsere persönlichen Anliegen und Bedürfnisse abgleichen und einbringen.

Entscheidungen können wir in der uns üblichen Art und Zeit treffen, die Konsequenzen dessen sind überlegt und wir tragen sie gern. Wir haben Freude an Bewegung und sorgen dafür, dass unser Körper regelmäßig aktiviert wird. Wir sind kreativ, wenn wir Lösungen brauchen oder suchen. Auf unsere Konzentration können wir uns verlassen und sie dazu verwenden, um unser Wissen und Können zieldienlich einzusetzen. Wir freuen uns auf private Beziehungen und nehmen uns Zeit und Muße, uns diesen bereichernden Kontakten ebenso wie unseren Hobbys zu widmen.

Wir sorgen für eine Balance zwischen Pflichterfüllung und persönlichem Weiterkommen. Freie, ungeplante Zeit ist in unserer Planung dauerhaft vorhanden, wird als wichtig erachtet und ist eine Grundlage für unsere Entfaltung, die nicht auf Kosten anderer geht.

Unser Umgang mit Belastungen

Welche Begebenheiten, Anforderungen oder Abläufe des menschlichen Miteinanders als freundlich und unterstützend oder feindlich und gefährdend erlebt werden, ist bei jedem Menschen individuell verschieden. Dies bestimmt das gesamte Verhalten, wie jemand die Umwelt erlebt und wie er sich darin bewegt und auf Eindrücke reagiert. Dieses Erleben findet durch unsere Sinneswahrnehmung und Verarbeitung dieser Eindrücke mit entsprechender Hormonausschüttung statt. Was bedingt aber den zum Teil großen Erlebensunterschied zwischen den Menschen?

Während bis vor nicht allzu langer Zeit immer wieder die Gene als Erklärung herangezogen wurden, ist heute die moderne Forschung mit den Erkenntnissen aus der Stressforschung an dem Punkt angelangt, dass diese Prägung schon sehr früh beginnt und ein lebenslanger Lernprozess ist. Während mit dem Erbmodell die Schuldfrage genauso wie die mangelnden Möglichkeiten der Veränderbarkeit sehr starr erklärt werden, wird man mit den neuen Erkenntnissen umlernen müssen. Die Verantwortung für die Kindheitsumstände wird in ein neues Licht gerückt und uns wird eine schöne Ausrede genommen, die da lautet: Wir können nicht anders, es ist halt so und man muss sich mit dem Verhalten einfach abfinden – und zwar die sich nach einem bestimmten Muster verhaltende Person genauso wie die damit konfrontierte Umgebung.

Neu ist die Erkenntnis, dass durch die Möglichkeiten des Gehirns ohne Weiteres ein lebenslanges Lernen möglich ist. Erfahrungen werden immer weiter gemacht, und es ist eine Herausforderung, aus alten Mustern herauszutreten, um neuen Erfahrungen Platz zu machen.

Wie sich unser Umgang mit Stress entwickelt, soll durch ein Beispiel aus der Stressforschung beschrieben werden, welches mich immer wieder aufs Neue erschreckt. Dabei bezieht sich mein Entsetzen nicht so sehr auf an sich sowieso fragwürdige Experimente mit Tieren und auf den Vergleich von Tieren mit Menschen, sondern auf die Interpretation und Reaktion von Menschen, denen ich auf unzähligen Seminaren die immer wieder gleiche Frage stelle. Sie lautet: »Welche Gruppe ist die der überlebenden Mäuse?«

Dieser Frage geht die Beschreibung folgenden Experiments voraus: Heranwachsende Mäuse werden in zwei Gruppen unterteilt. Die eine Gruppe hat sozusagen eine ideale Mäusekindheit mit immer freiem Zugang zu ihren gut genährten Müttern. Der anderen Gruppe wird die Kindheit erschwert, ihr Zugang ist innerhalb des ersten Lebensjahres nicht immer frei, sie müssen in unregelmäßigen Abständen immer wieder warten, bis sie zu ihrer Mutter können, und dies bis zu maximal sieben Stunden Wartezeit.

Dann werden die Mäuse beider Gruppen in eingetrübtes Wasser mit nur einem nicht ganz leicht zu findenden Ausgang geworfen. Eine Gruppe hat keine Schwierigkeit damit, während die andere Gruppe die Aufgabe nicht lösen kann und stirbt.

Jetzt noch einmal die Frage: Welche Gruppe überlebt, die mit der leichten oder die mit der schwierigeren Kindheit?

Am Anfang haben mich die Antworten erstaunt. Später habe ich gemerkt, dass meine kleine Umfrage ein weitverbreitetes und tief sitzendes Denken zum Ausdruck bringt. Während die Gruppen im Normalfall meist geteilter Meinung sind und die Parteien sich zahlenmäßig kaum voneinander unterscheiden, zeigt sich bei pädagogischen Berufsgruppen aller Art – egal ob Lehrer, Sozialpädagogen oder Sozialarbeiter – ein anderes Bild. Dort wird immer wieder mit einer deutlichen Mehrheit (rund 80 Prozent) davon ausgegangen, dass jene Mäuse, welche schwierigere Bedingungen während des Heranwachsens hatten, die Gruppe der Überlebenden bilden würde. Von Mitgliedern pädagogischer Berufsgruppen wird offensichtlich angenommen, dass sich eine höhere Belastungserfahrung positiv auf die zum Überleben notwendigen Fähigkeiten auswirke und dass ein gewohnter Umgang mit Belastungen eine bessere Voraussetzung sei, schwierige Situationen zu meistern. Und die »verweichlichten« und »verwöhnten« Mäuse hätten schlechtere Voraussetzungen, sich einer schwierigen Aufgabe zu stellen.

Was stimmt nun? Die Mäuse mit dem freien Zugang zur Mutter hatten das Experiment überlebt – sehr zum Erstaunen der meisten von mir befragten Pädagogen. Einige von ihnen meinten bei der Präsentation des Ergebnisses zudem, das Verhalten der Mäuse hätte nichts mit den Menschen zu tun, bei denen funktioniere es sicher ganz anders.

Es ist erschreckend, dass trotz aller öffentlich propagierten liberalen pädagogischen Konzepte die Grundlagen der schwarzen Pädagogik (Strafen und Defizitorientierung, Fehler ahnden) noch immer durch die Köpfe schwirren und in solchen Augenblicken den Weg nach außen finden. Alle modernen Erkenntnisse der Hirnforschung haben offensichtlich nur unzureichend zu einem Wandel der Ansichten geführt – und das, obwohl Forschungsergebnisse mit Schimpansen und Gorillas, die ein ähnliches Stresssystem wie Menschen haben, zeigen, dass das Experiment mit den Mäusen auf den Menschen übertragen werden kann. Stressfrei oder stressarm aufgewachsene Schimpansen und Gorillas können überlebenswichtige Aufgaben durchgängig besser lösen als die strapazierten Artgenossen. Bei diesen Versuchen konnte man auch das Stresshormon Cortisol messen. Bei den während des Heranwachsens »gestressten« Tieren wurde beim Lösen der Aufgaben der bis zu 40-fach höhere Cortisolwert registriert als bei den nicht gestressten Tieren.

Diese Ergebnisse lassen mich an alle Menschen, die Forderungen oder Anforderungen an ihre Mitmenschen stellen, appellieren:

Aufgaben aller Art können mit weniger Cortisol, also in einem gelassenen Zustand, besser, schneller und zielsicherer erledigt werden als in einem gestressten Zustand. Jeder Mensch hat seine eigene und sehr persönliche Stressanfälligkeit, die nicht willenssteuerbar ist.

Hier ist ein Paradigmenwechsel für Lehrer wie für Führungskräfte im Umgang mit ihren Mitarbeitern nötig.

Druck, auf untergebene Mitarbeiter ausgeübt, wird oft als eine Möglichkeit der Leistungssteigerung angesehen. Es gilt, Forderungen zu stellen, ohne dass diese die Stresshormonbildung in einem leistungsverhindernden Ausmaß begünstigen. Ein klarer Kopf hilft bei allen Aufgaben. Führungspersönlichkeiten, die hier kompetent sind, tragen maßgeblich dazu bei, dass Burn-out in ihren Abteilungen nicht zum Problem wird.

Die eigenen Stressoren zu kennen, ist genauso wichtig, wie die Möglichkeit des Umlernens in Betracht zu ziehen. Wenn man sich aber in der Grundhaltung für »unstressbar« hält und glaubt, durch Belastungen nur belastbarer und leistungsfähiger werden zu können – so wie man Muskeln aufbauen und trainieren kann –, fehlt einem der Zugang zu einer wichtigen Ressource. Darum ist es aus meiner Sicht nötig, sich selbst als Mensch zuzugestehen, dass die Hormonbildung ein eigener biologischer Prozess nach jeder Wahrnehmung ist, die im Körper geschieht, bevor die Information in den bewussten und damit willentlich steuerbaren Hirnteil eintritt.

Die Wahrnehmung unserer gewohnten Kraft ist das Ergebnis unserer Prägung. Diese Prägung hat nur innerhalb unserer frühen Kindheit ohne unsere Beeinflussung stattgefunden. Spätestens mit der Pubertät beginnt die Möglichkeit, Entscheidendes dazu beizutragen. Und als Erwachsene haben wir die Möglichkeit, diese Prägung bewusst zu gestalten, anstatt sie zu verdrängen oder zu verleugnen. Dafür ist es nie zu spät: Gerade einmal bei 0,3 Prozent der Menschen liegt ein genetischer Defekt vor, der diese Gruppe davon abhält, aus ihren vorhandenen Ressourcen Neues zu kreieren. Es liegt also an jedem von uns, ob wir alles so belassen wollen, wie es ist, oder ob wir an unserer Grundlage, in Belastungen gelassen zu bleiben, arbeiten wollen. Und diese Entscheidung muss und kann jeder selbst treffen.

Diese Frage nach der eigenen Entscheidung bringt auch mich als Autor wieder einmal ins Spiel, da ich dieses Buch ja auch wegen meiner eigenen Burn-out-Erfahrung geschrieben habe: Gute Ratschläge anderen zu erteilen ist viel einfacher, als sich selbst rechtzeitig in der Stressspirale zu bremsen.

Nachdem ich mir acht Wochen Auszeit gegeben und zehn Kilo abgenommen hatte, blickte ich ein wenig beschämt auf die letzten acht Monate. Eigentlich hätte ich diese Erfahrung ja nicht gebraucht, und in der Theorie ist alles so einfach … Obwohl ich ja angeblich weiß, wie ich auf Stress zu reagieren habe, gelang es mir nicht, die nötige Distanz zu bewahren. Ich leugnete viele meiner Bedürfnisse. Meine Entscheidungen wurden immer stressgesteuerter – ein nicht unbeträchtliches Risiko für einen unternehmerisch selbstständigen Menschen. Ich arbeitete mit einem Coach zusammen, und durch seinen reflektierenden Blick wurde mir klar, dass ich aufgrund meiner Prägung dazu neige, unter Stress mein Vertrauen in andere Personen zu verlieren: Je höher mein Stresspegel, desto größer die Tendenz, schwierige Aufgaben selbst zu übernehmen.

Dies hatte nach zwei Seiten hin fatale Folgen: Zum einen wurden die zeitlichen Anforderungen an mich immer enger, die Ergebnisse mussten immer schneller erbracht werden (was im Übrigen nicht zur Qualitätssteigerung beiträgt). Dabei wurde ich gegenüber anderen Personen immer unzuverlässiger. Meine Kommunikation mit anderen wurde schneller und kürzer, was einige Missverständnisse auslöste. Zum anderen ließen einige Mitarbeiter, die von ihrer Aufgabe »entlastet« wurden, immer mehr Aufgaben fallen und gingen in die Warteposition – denn mein Verhalten war für sie demotivierend. Und so wurde es immer ungemütlicher: Die Stressspirale begann sich immer schneller zu drehen.

Um dies zu erkennen, musste ich durch meinen Körper gebremst werden. Es brauchte acht Wochen Auszeit mit Bewegungsübungen und Ernährungsumstellung, damit ich langsam wieder eine gewisse Klarheit über mich gewinnen konnte. Mit der dadurch gewonnenen Erkenntnis hatte ich aber auch eine neue Aufgabe: Trotz meiner Prägung musste ich lernen, anderen Menschen die Verantwortung nicht wegzunehmen, auch dann nicht, wenn ich dadurch von einem höheren Cortisolpegel gesteuert wurde. Ich hatte zu lernen, die Distanz nicht zu verlieren und selbst derart in der Balance zu bleiben, dass ich aus einer Grundgelassenheit heraus die nötigen Beurteilungen und Entscheidungen treffen kann.

Leistungsbereitschaft und Embodiment

Embodiment drückt die Wechselwirkung zwischen Körper und Psyche aus. Diese gegenseitige Wechselwirkung achtsam wahrzunehmen, ist die Voraussetzung für einen bewussten Umgang mit Körper und Psyche in einem funktionierenden Gesamtsystem »Mensch«. Bei funktionalen Störungen ist erst recht das Zusammenspiel von Körper, Geist und Psyche gefordert und nicht die leider weitverbreitete getrennte Betrachtungsweise.

Im Normalfall ist der menschliche Körper unser wichtigstes Feedback-Instrument. Er kann uns spüren lassen, ob es uns gut geht oder schlecht. Er meldet Schmerzen, Müdigkeit, Hunger genauso wie Lust und Bewegungsdrang. Wenn wir unseren Körper kennen und auf ihn hören, kann eigentlich nur wenig schiefgehen. Es gibt kleine, feine Signale, die von einer Veränderung unseres Pulsationssystems (= Zusammenhang von Atem und Gefäßdynamik des Körpers) herrühren. Jeder Körper drückt auf seine eigene Art Wohlgefühl, Freude, Trauer, Verlust aus. Auch ob uns ein Gegenüber guttut, löst spürbare Empfindungen aus. Diese Empfindungen bilden die Grundlage unseres Verhaltens, sowohl, wie wir sozial bewusst miteinander umgehen, als auch unbewusst nonverbal reagieren.

Ob uns etwas zu nah oder uns nicht nah genug kommt, zeigt sich an unserem Körper. Es ist unwichtig, ob diese Signale bewusst und damit wissentlich beeinflussbar ablaufen oder nicht – sie sind die Grundlage unserer sozialen Funktionen und damit auch Grundlage unserer Entscheidungen. Wenn wir aufgrund unserer persönlichen Präferenzen sehr leistungs- und ergebnisorientiert sind, nimmt während unserer Aktivitäten die Sensibilität für diese Körpersignale grundsätzlich ab. Je stärker wir auf die Aktion fokussiert sind, desto weniger spüren wir diese Signale. Wenn wir uns auch noch im Wettbewerb wähnen, was in der Leistungsgesellschaft ja gang und gäbe ist, geht es uns schnell einmal wie einem Sportler, der auch größere Schmerzen nicht spürt.

So kann es vorkommen, dass einer, der Hochleistung erbringt, während seiner Aktivitäten seinen Köper nicht spürt, sich aber durch seine Ergebnisse und Erfolge gut in Form wähnt. Wenn er dann aber zur Ruhe kommt, spürt er seine Körpersignale und deutet diese so, als ob Ruhe für ihn schädlich sei. Dagegen gibt es dann nur eins: wieder in Aktivitäten auszubrechen. Arbeit findet er bestimmt, und wenn nicht, kann er ja noch ein Projekt zusätzlich angehen. Auf diese Weise ist das innere Warnsystem außer Betrieb gesetzt und die negative Spirale beginnt.

Diese Mechanismen sind mir inzwischen nur zu gut bekannt. Wenn dann der Schmerz immer stärker wird und sich trotz noch so schöner Arbeit nicht mehr leugnen lässt, kommt das große Erschrecken. Was ist da los? Prompt fielen mir alle meine Sünden ein, genauso wie ich es in der Regel von meinen Klienten beschrieben bekomme – hundert verschiedene Vorhaben kommen auf, endlich einmal etwas zu ändern und für mich zu tun. Und jedes Mal wurden diese Bedürfnisse leichtfertig zugunsten meiner Arbeitsanforderung hintangestellt.

Wenn man dieses Stadium der Befindlichkeit erreicht hat, verbindet sich damit die bange Frage: Ist es nun zu spät? Sie lässt sich nicht wirklich verdrängen, denn sie taucht immer wieder auf und schiebt sich zwischen alle Versuche der Verharmlosung, die eine weitere psychische Reaktion des persönlichen Verhaltens sind.

Gleichwohl ist dieser Zeitpunkt ideal zum Einleiten eines konstruktiven Veränderungsprozesses. Denn jetzt verschieben sich die Wertehaltungen, und die natürliche Konfrontation des Körpers birgt eine eigene Konsequenz, deren Logik Leugnungsmechanismen außer Kraft setzt. Das ist auch für Coachs der richtige Augenblick, ihre Coachees mit den Wirkungen ihres mentalen und körperlichen Raubbaus zu konfrontieren. Wie ernst dieser Punkt zu nehmen ist, zeigt das folgende Beispiel:

Ursula leitete eine Abteilung eines Krankenhauses. Sie führte sehr erfolgreich 18 Mitarbeiterinnen und Mitarbeiter. Neben ihrer Arbeit, die sie sehr forderte, begann sie mit regelmäßigem Laufen. Marathon wurde ihre neue Leidenschaft. Sie sagte mir, seither gehe es ihr trotz aller Belastungen besser. Die Schmerzen, die sie vorher oft am Einschlafen hinderten, und die Gedanken, die immer wieder durch ihren Geist kreisten, seien seither nicht mehr störend.

Aber nach einem Jahr hatte sie immer noch Schmerzen und verstörende Gedanken. Sie versuchte diesen Zustand zu überwinden, indem sie noch mehr lief – bis sie dann im Alter von 38 Jahren auf der Straße tot umfiel. Plötzlicher Herzstillstand, nachdem sie in der Woche davor noch zwei Marathons bestritten hatte.

Ursulas Beispiel deutet darauf hin, dass es offensichtlich keine gute Lösung ist, einer bestehenden Belastung mit einer weiteren Belastung zu begegnen. Nichts gegen sportliche Betätigung, aber wenn sie dazu beiträgt, die Signale unseres Körpers zu »überhören«, ist etwas falsch gelaufen. Wir müssen also zu »hören« lernen und herausfinden, wann das Leugnen der eigenen Körperwahrnehmungen schädlich wird, und zwar bevor es zu spät ist. Unser Körper ist – ob wir das wollen oder nicht – unser einzig wirkliches Zuhause.

III Der Burn-out-Zustand

Akutes Burn-out

Nachdem wir uns mit Stress und den Grundlagen des menschlichen Seins beschäftigt haben, wird es Zeit, uns dem Zustand zu widmen, der mir persönlich bisher zum Glück erspart geblieben ist und den ich hoffentlich auch nicht am eigenen Leib erfahren muss. Wenn man persönlich jemanden kennengelernt hat, der in einem solchen Zustand ist, dann weiß man um die wirkliche Dramatik und versteht auch nicht mehr die Diskussion, ob Burn-out denn wirklich ein ernst zu nehmendes Phänomen ist. Denn dann weiß man: Hier geht es für den Betroffenen ums Ganze.

Wenn sich ein Mensch in einem Zustand befindet, in dem er nicht mehr in der Lage ist, über sich selbst zu bestimmen, er sich komplett verändert fühlt und seine Stimmung ihm selbst total unbekannt ist, geht es ihm vergleichsweise noch recht gut, wenn ihm normale Aktivitäten wie Gehen, Essen und Reden möglich sind.

Wirklich schlimm ist es, wenn selbst diese Dinge nicht mehr funktionieren, die Beine den Körper nicht mehr tragen können, das Sprechen einfacher Wörter eine unglaubliche Anstrengung bedeutet und sie nur noch lallend formuliert werden können. In der Regel kommt dann bald der Krankenwagen und es wird eine stationäre somatische Stabilisierung eingeleitet. Wenn der Kreislauf wieder funktioniert, beschreiben Menschen diesen Zustand so, dass für sie alles anders geworden sei.

Angstgefühle sind dann aktiviert, Schlafstörungen normal, Übelkeit ist ein Dauerzustand. Konzentration ist nur schwer aufzubringen und kleinste Anstrengungen kosten unglaublich große Überwindung. Die Gedanken drehen sich in der Regel immer im Kreis und führen einen nicht weiter. Von außen betrachtet fällt ein veränderter Ausdruck im Gesicht und in der ganzen Körperhaltung auf. Der Habitus wirkt oft gebeugter und als Hauptwirkung ist eine Erstarrung genauso möglich wie eine fahrige Angespanntheit.

Zwei Beispiele verdeutlichen diesen Zustand:

Rudolf Meister war als erfolgreicher Unternehmensführer für seinen Arbeitgeber, einen weltweit aktiven Konzern, immer wieder in besonders schwierigen Situationen unterwegs. Als Geschäftsführer der Europa-Division hatte er sich trotz seiner jungen Jahre (er war 39, als ich ihn kennenlernte) einen so guten Namen gemacht, dass ihm der Aufbau der China-Abteilung übertragen wurde. Als Schweizer in einem italienischen Konzern hatte er einen derart herausragenden Ruf, dass er das gute Angebot schlecht ablehnen konnte. Mit seiner Familie zog er im vollstem Einverständnis mit seiner Frau nach China um. Man bot ihm ausgezeichnete Wohn- und Schulbedingungen für die Kinder. Doch bereits in der dritten Woche, als er nach einem Geschäftstreffen von seinem Chauffeur nach Hause gebracht worden war, setzte er sich auf das von der Schweiz mitgebrachte Designersofa und es blieb ihm die Luft weg: »Es war, als wenn eine Lawine über mich hereinbrechen würde.« Der Atem wurde schlagartig eng, er bekam Erstickungsgefühle. Der Magen zog sich zusammen, der Kreislauf brach ein. Seine Frau kam dazu und initiierte die stabile Seitenlage.

Ich habe Herrn Meister erst zweieinhalb Jahre später kennengelernt. Während der ganzen Zeit hatte er irgendwie versucht, mit der Situation klarzukommen, und war dabei, sich mit seiner reduzierten Kraft abzufinden und sein Leben der Burn-out-Situation anzupassen. Aber zu Beginn, im ersten Moment des schlagartig einsetzenden Burn-out, blieb ihm nichts anderes übrig, als sich in China in die Hände der dortigen Medizin zu begeben. Im Gegensatz zu einigen westlichen Verklärungen über chinesische Medizin waren seine Erfahrungen damit nicht wirklich positiv. Hilfe aus der Schweiz, zum Teil über Telefon, verhinderte das Schlimmste.

Herrn Meisters Fall ist natürlich eine Geschichte mit Vorgeschichte. Im Grunde genommen war er schon über ein halbes Jahr vor seinem China-Engagement komplett fremdbestimmt und fühlte sich, zumindest was seine Terminplanung anging, aufgrund der Sachzwänge immer handlungsunfähiger. Sein eigener Handlungsspielraum war äußerst eng, der Druck nahm aber von Mal zu Mal zu:

Er ließ sich mit seiner ganzen Familie, für die er sich sehr verantwortlich fühlte, auf das Abenteuer China ein. Der Konzern hatte weitere Zwänge aufgebaut, weil er vorgab, wie er die Administration von China ausgehend über die zentrale Verwaltung in Budapest abzuwickeln habe. Als ihm dann noch von einem engen Mitarbeiter das wahre Ausmaß der Aufgaben und Probleme aufgezeigt wurde, überkam ihn das Gefühl der Lawine – eine Kraft und Macht, der er nichts entgegenzusetzen hatte, eine Macht, der er ohnmächtig ausgesetzt war.

Egal, welche Diagnose bei einer solchen Situation vorgenommen wird, eins ist völlig klar: Wir haben es hier mit einem Zustand höchster Bedrohung zu tun. Der somatisch schlimmste Moment wird in der Regel sehr bewusst und wie ein Einschnitt erlebt und beschrieben, hier das Gefühl: »... als wenn eine Lawine über mich hereinbrechen würde.«

Eine 28-jährige Jungmanagerin berichtet: »Ich saß im Auto und wusste nichts mehr. Absolut nichts mehr. Nicht mehr, wohin ich wollte, nicht mehr, wie ich den Gang einlegen sollte, einfach nichts mehr. Danach wurde mir richtig schwarz vor den Augen. Nach einer Zeit bin ich ausgestiegen und zu Fuß weitergegangen, ich sollte doch zu der Verkaufsverhandlung. Irgendwie habe ich das geschafft und bin auch wieder nach Hause gekommen. Aber wie? Keine Ahnung. Und bezüglich des Autos wurde mir dann von der Polizei mitgeteilt, wo ich es gelassen hatte.«

Dieser Endpunkt kommt plötzlich, wie aus heiterem Himmel. Aber auch hier ist der Kumulation der persönlichen Katastrophe eine Geschichte vorausgegangen. Die junge Frau war Verkaufsleiterin einer Immobilienfirma und hatte einen unglaublichen Umsatz in kürzester Zeit erzielt. Jetzt wurde von ihr verlangt, diesen Umsatz zu steigern. Das schätzte sie jedoch als unmöglich ein.

Als dann in der Firma, für die sie sich sehr eingesetzt hatte, die Steuerfahndung aufkreuzte und in ihren Verträgen einige Sequenzen reklamiert wurden, erhöhte sich der Druck. Von ihrer Persönlichkeit her machte sie bisher jedes Unwohlsein mit sich alleine aus; sie war die immer lachende und glücklich wirkende schöne und erfolgsverwöhnte Karrierefrau. Wie es aber in ihr aussah, bekam niemand mit, auch ihre engsten Freundinnen nicht. Und so hatte sie es nach zweieinhalb Jahren geschafft, sich durch ihren Traumjob an den Rand des gesundheitlichen Ruins zu begeben.

Was geschieht hier auf neurobiologischer Ebene – wie funktioniert in einer solchen Situation unser Stresssystem?

Die Neurobiologie des Burn-out

Wir haben uns bereits mit dem Anstieg des Stresshormons Cortisol beschäftigt. Wenn ein Mensch über längere Zeit mit einem gestiegenen Cortisolspiegel lebt, verändert sich nicht nur seine ganze Wahrnehmung, auch der ganze Vitalisierungsprozess nimmt stetig ab. Die Regeneration wird geringer, der Körper verharrt in dem für Ausnahmen vorgesehenen Zustand – und der ist von ständiger Anspannung geprägt. Langsam und schleichend kommt es zum neurobiologischen Super-GAU: Dabei schaltet das Gehirn plötzlich selbstständig und ohne Beeinflussungsmöglichkeit auf Ausnahmezustand.

Es ist, wie wenn ein Schalter umgelegt wird: Alles wird anders; die gewohnten Bahnen, die das System Mensch zur Blockade gebracht haben, können nicht mehr genutzt werden. Das Notsystem ist aktiviert. Hier wirken die gleichen Mechanismen, die auch dann einsetzen, wenn sich jemand einem plötzlich einsetzenden Ereignis mit höchstem Bedrohungscharakter an Leib und Seele ausgesetzt fühlt und er keine Bewältigungsmöglichkeiten, keine Umgangsstrategien für das Ereignis hat oder sieht.

Beim Burn-out ist das neuronal gesteuerte System nicht durch ein einzelnes Ereignis, sondern durch die lang anhaltende Dauerstresssituation derart überlastet, dass es nur einen kleinen Auslöser braucht – der für sich isoliert betrachtet kaum einen Belastungswert darstellt –, um die Blockade auszulösen.

Was passiert dann? Das Cortisol wird im Gehirn in einer solchen Dosis produziert, dass die Verbindungen der Informationsleitungen zwischen Amygdala und Hypocampus blockieren und nicht mehr funktionieren. Die gewohnten Informationswege im Gehirn, die die Informationsleitung gewährleisten, sind entweder teilweise oder auch ganz blockiert. Diesen Moment nennen wir *NeuroStressFragmentierung (NSF)*: Die Nerven nehmen ihre Funktionen unter Stress nur noch teilweise und mit Ausfallmomenten wahr; die Nervenbahnen wirken fragmentiert.

Dieser Zustand kann schnell wieder vorbei sein, kann aber auch länger andauern und in ganz seltenen Fällen sogar unbeendet bleiben. Die Aufhebung dieser blockierten Situation setzt immer eine Beendigung der Stress auslösenden Situation voraus. Andernfalls schleppt sich der Betroffene weiter durch die Belastung; im schlechteren Fall gerät er in belastende Hilfsmaßnahmen einer Medizin, die, um schlimmen Schaden zu verhindern, massiv eingreift und dabei mögliche andere negative Folgen billigend in Kauf nimmt. Und wenn er Pech hat, addiert sich diese an sich schon ungünstige Belastungssituation mit weiteren Problemen.

Solange die NeuroStressFragmentierung anhält, befindet sich das komplette vegetative Nervensystem im Ausnahmezustand. Diese Mentalität des Ausnahmezustands stammt aus der Zeit, als wir noch in Höhlen wohnten und uns gegen Säbelzahntiger behaupten mussten. Sie war nicht gedacht für Belastungen im Büro, in Konferenzen, im Straßenverkehr oder vor dem Computer und am Telefon. Aber die biologischen Mechanismen sind daran ausgerichtet, mentale Belastungen auch körperlich zu bestehen. Und gerade das ist ein Problem beim Burn-out: Die Bewegungsmöglichkeiten sind reduziert, und im Normalfall verharren wir schnell und ziemlich lange in einer blockierten Situation.

Die Zeit der Fragmentierung wirkt sich nachhaltig und verschieden aus:

- Solange eine Erinnerung an ein Burn-out-Erlebnis nicht aufgelöst ist, bewirkt jede ähnlich erlebte Belastung im Gehirn Burn-out-Empfindungen, ohne dass der betroffene Mensch dies groß beeinflussen könnte.
- Das Gehirn bildet Ersatzbahnen und -synapsen, damit die menschlichen Grundfunktionen erhalten bleiben. Diese Ersatzbahnen sind nicht so »trainiert« wie die gewohnten Bahnen; es kommt zu einem Kompetenzverlust.
- Die Konzentrationsfähigkeit und kognitive Aufmerksamkeit sind stark beeinträchtigt und kosten mehr Kraft.
- Das vegetative Nervensystem arbeitet anders: Verdauungsprobleme, Schlafstörungen, Blutkreislaufproble-

me wie Bluthochdruck bleiben erhalten, solange die Stresssituation anhält.

- Die fehlende Balance zwischen Cortisol und Immunbotenstoffen reduziert den Regenerationsmodus.
- Das Immunsystem kann seine Wirkung nicht entfalten und bedingt eine hohe Krankheitsanfälligkeit.

Solange die Verbindungen in der beschriebenen Gehirnregion nur fragmentiert arbeiten, ist auch die Verbindung zwischen den beiden Hirnhälften nicht in der gewohnten Schnelligkeit möglich. Die Koordination für die benötigten Mindestfunktionen findet nur erschwert statt und gleichzeitig besteht die Gefahr der Reproduktion des akuten Zustandes. Der betroffene Mensch kann leicht abgelenkt werden, er ist zerstreut und bereits bei eher unbedeutenden Ereignissen und Sachverhalten viel stressanfälliger. Dieser Vorgang sorgt bei der Person selbst wie auch im Umfeld für neue Irritationen. Der Betroffene selbst kann sich nicht in der von ihm gewohnten Art und Weise steuern. Das löst weitere Selbstzweifel aus und stößt auf entsprechende soziale Gegenreaktionen, die seinen Zustand oft noch verstärken. Die Personen im Umfeld, Angehörige und Arbeitskollegen wie auch geübte Helfer verlieren dadurch leicht den Überblick.

NeuroStressFragmentierung (NSF) – eine körperliche Dysfunktion

Aus dem bisher Dargestellten sollte der völlig andere Ansatz deutlich geworden sein: Die NeuroStressFragmentierung blockiert den Zugang zu den immer noch vorhandenen Ressourcen und wird leider nicht allzu selten mit einer psychischen Erkrankung verwechselt.

Wenn ein Beratungs-, Behandlungs- oder Coachingansatz diesem elementar wichtigen Sachverhalt keine Aufmerksamkeit schenkt, dann wird in der Regel eine psychiatrische oder psychoanalytische Diagnose gestellt und danach gehandelt und behandelt. Dies bringt aber gleich mehrere Nachteile mit sich.

Zum einen werden die Angebote meist auf langwierige psychotherapeutische Konzepte abgestimmt. Zum anderen bedeutet dies für den Betroffenen, dass für die Störung seines menschlichen Systems eine Ursachenerklärung im nicht wirklich fassbaren Bereich der Psyche, der Seele, gesucht wird.

Seien wir ehrlich: Wer von uns hat eine fundierte Vorstellung davon, was die Psyche eigentlich ist? Hier kommen je nach Weltanschauung eher philosophische Erklärungsmodelle zum Zuge. Die Suche nach dem psychischen Anteil einer Störung artet allzu oft in ein langwieriges Analysieren und Suchen nach Lebenszusammenhängen aus, ohne die biologischen »harten« Fakten zu berücksichtigen. Und was letztlich von den vielen Maßnahmen geholfen hat oder ob nicht doch Besserungen spontan und aufgrund persönlicher Selbstheilungszufälle eintraten, wird vermutlich in den nächsten Jahrzehnten nicht von der Psychotherapie-Forschung belegt werden können.

Davon abgesehen: Aufgrund der Stigmatisierung psychischer Erkrankungen in unserer Gesellschaft hat noch nicht ein einziger meiner Klienten auf die Standardfrage »Sind Sie psychisch krank?« einfach mit Ja geantwortet. Meist kommt ein klares »Nein!« oder höchstens: »Mein Psychiater sagt, ich habe dies oder das.«

So ist aus meiner Sicht eine Psychiatrisierung für nicht unerheblich viele burn-out-gefährdete oder -betroffene Menschen eher abschreckend und letztlich nicht zielführend. Da immer wieder nicht unerhebliche Zahlen über den Chronifizierungsanteil nach einer psychosomatischen oder psychiatrischen Behandlung bekannt werden, schreckt dies zusätzlich ab.

Ich möchte deshalb das Augenmerk auf den neuen *neurosomatischen Ansatz* richten, wie er vereinzelt auch in einigen psychiatrischen Kliniken langsam Einzug hält:

Bei Burn-out handelt es sich um eine stressbedingte Entspannungsstörung. Eine rein körperliche Ursache hat sich nach einer gewissen Zeit derart entwickelt, dass eine Entspannung und Vitalisierung mit allen herkömmlichen Regenerationsabläufen nicht mehr möglich ist. Eine lang anhaltende Erschöpfung ist die Folge, nicht die Ursache dieser Entspannungsstörung. Der Umgang damit ist ein mehr oder weniger kreativer Lösungs- und Selbstheilungsversuch.

Diagnose Erschöpfungsdepression

Dieser Selbstheilungsversuch gelingt immer besser, je weniger die Stresshormone im Gehirn und Organismus in Überdosis wirken. Wenn die Diagnose »Erschöpfungsdepression« gestellt wird, ist sie in der Regel der Situation angemessen und richtig. Es ist aber eine Verwechslung mit der Ursache zu vermeiden, wenn man eine langfristige

Heilung und Veränderung anstrebt. Da aber immer wieder eine Ursache gesucht wird, rückt dann bei der Diagnoseerstellung die Anstrengung, die eine Erschöpfung nach sich zieht, in den Fokus. Und das ist schnell die Arbeitsüberlastung, die Lebenssituation oder sonst eine Ursache, die im Außen des Menschen zu suchen oder zu finden ist. Damit entzieht sich die Ursache der eigentlichen Beeinflussbarkeit – und lenkt von den Möglichkeiten der inneren Stressbewältigungsstrategien des Betroffenen ab. Da ja jemand so lange erschöpft ist, muss er warten, bis er wieder bei Kräften ist; die Erholung soll von außen wieder Kraft bringen: So dreht sich beim Konzept ohne neurosomatische Erkenntnisse und Methoden der betroffene Mensch dann doch im Kreis, da er zur Vitalisierung anderes braucht als Erholung.

Psychosomatischer versus neurosomatischer Ansatz

Während beim psychosomatischen Ansatz sehr komplexe Vorgänge im Körper im Vordergrund stehen, sind bei der neurosomatischen Betrachtungsweise körperliche, neuronale Steuerungsprozesse im Fokus, die vom Gehirn ausgehend die ganze Funktionalität des Körpers steuern.

Beim psychosomatischen Ansatz wird das ganze Psychogramm des Menschen analysiert und je nach Methode unterschiedlich, aber dann doch immer wieder auf die Kindheit und die Entwicklung des Menschen zurückgeführt. Das hat zur Folge, dass es für eine Erkrankung eine psychische Ursache geben muss. Doch wie soll diese Ursache von einer Schuldsuche in der Kindheit getrennt werden, wenn das Verstehen des Menschen nur in den Abläufen der Kindheit zu suchen ist? Das ist ein als heikel empfundenes Feld – und leider nicht wirklich dienlich.

In der Placeboforschung gilt es als bewiesen, dass rund 70 Prozent aller Heilungsprozesse von der Erwartungshaltung des Menschen gesteuert werden. Das ist eine sehr schlechte Nachricht für die Apparate-Medizin, wenn der Apparat genauso wie die Operation nur dann wirkt, wenn die durch die Behandlung erzeugte Erwartung und nicht die Behandlung an sich die eigentliche Heilwirkung erzeugt.

Wenn wir die neuesten Erkenntnisse der Hirnforschung berücksichtigen, dann ist mit der Entdeckung der Plastizität des Gehirns auch zu verstehen, wie dies geschieht: Ein Gedanke erzeugt immer eine Imagination, eine Einstellung. Diese wiederum bewirkt die Nutzung bestimmter Hirnbahnen. Und diese gedanklich erzeugte Nutzung einer Hirnbahn bewirkt immer auch eine Körperreaktion. Wenn sich diese Körperreaktion zum Beispiel in einer Verspannung von Muskeln äußert oder im Zusammenziehen von Gefäßen, ist dies deutlich im Körper wahrzunehmen und es können so, durch das Gehirn gesteuert, Schmerzen und Fehlbildungen im Körper entstehen. Wenn umgekehrt an einer solchen Körperstelle manipuliert wird, zum Beispiel durch Drücken auf einen Wirbel bei einer Massage oder auch nur durch ein zufälliges Anfassen, entsteht auch ein Umkehreffekt: Der Körper löst eine neuronale Verschaltung im Gehirn aus. Die Schmerz- oder Störungsschaltung im Gehirn kann so aktiviert werden – was wiederum eine Signalgebung vom Gehirn zum Körper auslöst. Dies kann dann zu einem unheilvollen Kreislauf werden, der eine Entspannung der Situation oder eine Reduktion der Schmerzen, ein Ausdehnen von Gefäßen usw. verhindert.

Diese neuronalen Verschaltungen werden also von Gedanken, die immer auch Bilder abbilden, geschaltet.

Jede bewusste oder unbewusste Erwartung erzeugt auch ein inneres Bild. So ist diese Erwartungshaltung ein jede Heilung begleitender neuronaler Schaltungsvorgang, welcher sich immer im Körper abbildet und letztlich auch entweder eine Heilung oder Zurückbildung von Symptomen ermöglicht oder, wenn innerlich keine Heilung erwartet wird, das Abklingen der Symptome unmöglich macht.

Von der Erwartung auf Heilung ist also jede Heilung abhängig. Ich habe die Erfahrung gemacht, dass es eine hohe Einsicht braucht, um eine Erwartungshaltung zu verändern. Grundsätzlich ist die menschliche Haltung so angelegt, dass eine Person alles verstehen will und muss, um sich der Situation anzupassen oder um sich zu ändern. So bemühe ich mich bei meiner Arbeit, so viel Fachwissen wie möglich weiterzugeben. Scherzhaft sage ich öfter, dass meine Klienten nach Abschluss der Arbeit nebenbei eine halbe Fachausbildung absolviert haben.

Der neurosomatische Ansatz hat neben der Tatsache, dass er ein plausibleres Erklärungsmodell bietet, den unbestreitbaren Vorteil, dass mit ihm recht klar die sich abwickelnden physiologischen und neurologischen Vorgänge erläutert werden können. Das führt auch dazu, dass die Heilungserwartung gestärkt und damit für den Heilungsprozess eingesetzt wird.

Wie soll ich dagegen ein psychosomatisches Erklärungsmodell vermitteln, ohne die Unsicherheit zu vergrößern? Und wie soll ich den stark in Mitleidenschaft gezogenen Selbstwert aufbauen?

Um die eigenen Kräfte zu reaktivieren, ist es nötig, die Selbststeuerung zu aktivieren. Dazu ist ein funktionierender Selbstwert Grundvoraussetzung. Und je länger sich jemand im neurostressbedingten Ausnahmezustand befindet, desto weniger funktioniert das Selbstwertgefühl.

Gerade für Betreuende und Coachs ist es wichtig, auf die Stärkung des Selbstwertes besonderes Augenmerk zu legen. Der erste Schritt zum Reaktivieren der eigenen Ressourcen geht nur über vom Klienten selbst gemachte Übungen. Wenn der Klient oder die Klientin sich dies nicht oder nur sehr schwach zutraut, kann diese Aufforderung schnell eine Überforderung bedeuten. Diese würde sich entweder in einer Überanpassung auswirken, die dem Coach trotz fehlendem Effekt einen Erfolg vorspielt, oder in einer Ablehnung der notwendigen Übungen.

Die drei Phasen des Burn-out

Burn-out lässt sich grundsätzlich in drei Phasen unterteilen:

1. Überlastungsphase

In dieser Phase hat sich der Betroffene daran gewöhnt, ein hohes Maß an Belastung als normal zu betrachten. Seine Entspannungszeiten sind so gering, dass eine wirkliche Entspannung nicht mehr regelmäßig eintritt. Es setzt eine Verschlechterung der sozialen Beziehungspflege ein, eine emotionale Instabilität wirkt sich in Gereiztheit und Kommunikationsstörungen aus. Die Arbeitseffektivität nimmt ab, was die Einsatzbereitschaft zusätzlich erhöht. Individuelle Merkmale können sein:

- Das Schlafverhalten verändert sich, weniger Schlaf als nötig wird zur Norm.

- Die Aufmerksamkeit konzentriert sich auf das Hauptbeschäftigungsthema.
- Körperliche Einschränkungen wie Infektanfälligkeit, diffuse Dauerschmerzen und Verdauungsprobleme treten auf.
- Kompensationsverhalten, zum Beispiel beim Essen, wird »normal«.
- Der Betroffene bewegt seinen Körper zu wenig.
- Der Betroffene verleugnet seine Überlastung; mit Erklärungs- und Beschwichtigungsversuchen versucht er seinen Zustand vor sich selbst zu kaschieren.
- Die Kommunikationsfähigkeit verschlechtert sich und zeigt sich in häufigeren Konflikten.
- Die Sozialkompetenz sinkt, die persönlichen Beziehungen verschlechtern sich.

2. Alarmierungsphase

Wenn jemand über längere Zeit in einer Überlastung gelebt hat und Entspannung nicht wirklich möglich war, fehlt die Regenerationsmöglichkeit durch Vitalisierung. Der Körper hat sich an eine ständige Anspannung, eine »Überspannung« gewöhnt. Alle Blutgefäße haben sich auf einen eingeengten Zustand mit einer reduzierten Pulsationsmöglichkeit des Blutes eingerichtet. Damit geht der Betroffene ein extrem erhöhtes Gesundheitsrisiko ein.

Jeder Mensch hat seine ganz persönliche Schwachstelle, an der er am gefährdetsten ist. In der Alarmierungsphase ist diese Stelle auch schleichend mit Schmerzen belegt, die jedoch durch die Aktivitäten und die Ablenkung, die eine berufliche Forderungs- oder Überforderungssituation mit sich bringen, überdeckt werden. Es wirkt gefährlich, sich aus dem Alltagstrott herauszubewegen und zur Ruhe zu kommen, weil dann die Schmerzen gespürt werden. Also wird der aktive Belastungszustand als angenehmer empfunden als ein passiver Entspannungszustand – was wiederum die Spirale weitertreibt, bis schließlich ein Einschnitt im Leben passiert. Oft streikt dann der Körper, indem ein Organ oder ein Zugangsweg zu einer wichtigen Stelle wie dem Herz seinen Dienst versagt, wie ich bei meinem Niereninfarkt drastisch erleben musste. Oder das soziale System kollabiert und es zerbricht eine langjährige Partnerschaft. Für die im Stresszustand befindliche Person geschieht dies meist ohne Vorankündigung – mit allen leidvollen Begleiterscheinungen, die eine Kumulation von Schwierigkeiten mit sich bringt.

Leider wird trotz dieser Alarmzeichen der reale Zustand immer noch häufig verleugnet und ignoriert, was durch die Veränderung der Wahrnehmungsmöglichkeit begünstigt ist. Merkmale der Alarmierungsphase sind:

- starke Schlafstörungen,
- eingeschränkte Körperfunktion in einem Bereich mit zum Teil lebensbedrohendem Charakter,
- gedankliche Fixierung,
- körperliche und gedankliche Beweglichkeit ist noch in Grundzügen vorhanden,
- Selbstbestimmung und willensbedingte Entscheidungsfähigkeit sind stark eingeschränkt,
- mentale Ressourcen und Denkfähigkeit sind beeinträchtigt.

3. Knock-out-Phase

Der Körper ist »gesund« beziehungsweise funktionsfähig geblieben – aber vom Gehirn her findet ein »Abstellen« statt. Reizinformationen werden nicht mehr zeitgerecht verarbeitet, die NeuroStressFragmentierung schaltet das gesamte Nervensystem auf Ausnahmezustand – der Körper funktioniert quasi im Notfallmodus. Jede Antriebsleistung erfolgt unglaublich schwerfällig. Der Körper fühlt sich oft bleiern und schwer an, die betroffenen Menschen beschreiben das in der Regel als ein Einfrieren oder Erstarren der Lebensenergie. In diesem Zustand ist der gedankliche Zugriff auf die Willensregion im Gehirn so gut wie unmöglich. Das limbische System übernimmt die alleinige Verantwortung und schaltet die unvernünftigen, schädigenden und willentlich gesteuerten Verhaltensweisen aus – eigentlich eine wunderbare Schutzfunktion des Menschen, wenn sich dieser Zustand extremer und intensiver Entspannung auch wieder aufheben und normalisieren ließe.

Oft sind vorher vorhandene Schmerzen, zum Beispiel im Magen, im Darm, im Atemwegsbereich oder Muskelschmerzen im Rücken, in diesem Zustand nicht mehr so stark zu spüren, der Körper wirkt wie betäubt. Da der betroffene Mensch jedoch gedanklich in der Lage ist, seinen Zustand, teilweise wie hinter Nebel, zu begreifen, entsteht ein hoher Druck, aus diesem Zustand wieder herauszukommen. Menschen, die es gewöhnt waren, immer Verantwortung für sich und andere zu tragen und kraft ihres Willens und ihrer Fähigkeiten zu Analyse und energischem Handeln eine große Wirkung zu erzielen, merken jetzt, dass sie keinen Zugang mehr zu ihren gewohnten Strategien haben. Ihr Körper entwickelt eine eigene Dynamik, der sie jetzt hilflos ausgesetzt sind. *Er* gibt jetzt den Ton an und entzieht sich dem Willen. Dies ist eine ganz neue und einschneidende Erfahrung.

Unser Klient Herr M. berichtete:

»Unglaublich – immer wenn ich nur an meinen Terminkalender gedacht habe, wenn irgendjemand mit mir etwas abmachen wollte, wurde es mir so schlecht und so schwer im Körper. Es war so, als ob eine Macht mir meine ganze Energie aussaugen würde.«

Die Merkmale der Knock-out-Phase sind:

- hohe Antriebslosigkeit,
- Körperfunktionen können nicht mehr willentlich gesteuert werden,
- Gedanken kreisen immer um ein Thema und werden zur Qual,
- extreme Schlafstörungen, zum Teil verschlimmert durch Albträume,
- Zukunftsangst,
- Konzentrations-, Merk- und Denkstörungen,
- Gefühl, wie abgestellt, unbeteiligt zu sein – bei gleichzeitiger großer innerer Unruhe; emotional unausgeglichen, gereizt,
- eigene Steuerungsfähigkeit ist blockiert,
- Unfähigkeit Entscheidungen zu treffen,
- diffuse Körpersymptome und Schmerzen, Verdauungsprobleme,
- funktionale Störungen.

Für Betreuende und Coachs kann es hilfreich sein, dass der Hinweis gegenüber dem Klienten, es handle sich um eine rein körperliche Reaktion, Erleichterung bringen und Stress abbauen kann. Der Bedeutung der Stressreaktion auf biologischer Ebene ist deshalb besondere Bedeutung beizumessen. Da der Betroffene sein Verhalten nicht wie gewohnt steuern kann und seine üblichen Strategien nicht wirken, tendieren die Selbstzweifel schnell auch in die Richtung, dass etwas in einem verrückt ist.

Außerdem sind natürlich die Schilderungen der Betroffenen wichtig. Hier gilt es, voreilige Schlüsse zu vermeiden und in Ruhe eine Sondierung durchzuführen. Dabei ist es wesentlich, im oft verwirrend dargestellten Bild nicht den Überblick zu verlieren. Oft steht das zuletzt belastende Ereignis – die letzte dramatische Geschäftsverhandlung, die letzte Kündigungswelle oder Aktienbaisse – mit seinen Konsequenzen im Vordergrund der Konsultation und birgt die Gefahr, vom dramatischen Gesamtbild abzulenken.

III Coaching bei Burn-out

Selbstcoaching – selbstbestimmt zur eigenen Lösung

Jeder Mensch ist ein absolutes Unikat – und damit beginnt und endet ein nicht unerheblicher Teil der medizinischen Wissenschaftlichkeit. Da selbst jeder einzelne Stoffwechselvorgang bei jedem Menschen anders abläuft, liefert jeder statistische Vergleich nur für den Durchschnittswert ein brauchbares Ergebnis und ist für den betroffenen Menschen nicht mehr als ein Anhaltspunkt. Es gibt Menschen, die weit weniger trinken als die von der Wissenschaft lange Zeit als notwendig postulierte Flüssigkeitsmenge. Und Nahrungsmittel werden sehr unterschiedlich von Menschen aufgenommen und verdaut.

Es spricht nichts gegen die allgemeine und verallgemeinerbare Erkenntnis, dass ein erwachsener Mensch wenigstens zweieinhalb Liter Flüssigkeit täglich zu sich nehmen sollte, und es spricht auch nichts gegen die allgemeine Erkenntnis, dass Rauchen ungesund ist. Aber zwischen allgemein richtigen Erkenntnissen und individuellen Befindlichkeiten gibt es eine Diskrepanz, die nicht wegzudiskutieren ist. Durch neuere Forschung wird immer deutlicher, dass gerade im Bereich Ernährung unglaublich viele unwahre Verallgemeinerungen die öffentliche Meinung und damit die Haltung ganzer Generationen bestimmt haben. Darum sollte man konsequent von der Tatsache ausgehen, dass jeder Mensch für sich selbst der einzig wirkliche Experte ist. Wenn zum Beispiel Spinat nur gerade einmal für 50 Prozent der menschlichen Verdauungssysteme bekömmlich ist und sogar bei 35 Prozent der Menschen Blähungen erzeugt, können wir festhalten, dass sich die stoffliche Aufnahme und Verarbeitung selbst für eine angeblich so gesunde Pflanze extrem unterschiedlich gestaltet.

Wenn das so ist bei Spinat, wie ist es dann erst bei Medikamenten? Medikamente wirken ebenfalls unterschiedlich bei den Menschen. Eine schemenhafte Erkenntnis dieser Tatsache zeigt die Plazeboforschung, bei der die Bedeutung der stoffunabhängigen Faktoren für die Wirkung von Medikamenten nachgewiesen wurde.

Das Fazit aus dieser Gedankenfolge lautet: Das, was für einen Menschen wirklich gut und nützlich ist, ist für einen anderen nicht automatisch gleich nützlich. Darum appelliere ich konsequent dafür, dass die Selbstverantwortung in allen Heilungsprozessen ein wichtiges und meistens sogar *das* wichtigste Gut sein muss. Jede Entmündigung gilt es bei Heilungsprozessen grundsätzlich zu vermeiden, will man eine tatsächliche Genesung erzielen.

Mit diesen Gedanken im Gepäck lässt sich auch Burnout anders diskutieren. Das ist der erste Schritt bei der Frage nach dem richtigen Vorgehen. Ich bin bei Burn-out gegen die traditionelle medizinische Behandlung. Eine Psychiatrisierung eines Burn-out-Zustandes mit den damit einhergehenden Pathologisierungen (»Erschöpfungsdepression«) halte ich für wenig hilfreich, da so das Prinzip der Selbstverantwortung geschwächt und die Legitimation des Krankseins gestärkt wird. In der Konsequenz wird mit der Psychiatrisierung ein nicht medizinisches Problem aus dem Blickwinkel eines Mediziners betrachtet und letztlich mit medizinischen Methoden behandelt. Die Ergebnisse fördern auf keinen Fall die Gesundheit des betroffenen Menschen.

Selbstverantwortung und Realitätsverlust

Selbstverantwortung zu übernehmen ist ein wichtiger Schritt, aber gerade bei Burn-out kann man oft beobachten, dass sich Menschen über einen langen Zeitraum bezüglich ihrer Lebensführung und der Risikoeinschätzung selbst betrogen haben. Sie haben sich – wie es der Volksmund treffend sagt – selbst etwas in die Tasche gelogen, indem sie die Bewertung ihres Zustandes und ihr Verhalten beschwichtigend beurteilten, mit der Folge, dass sie ihre Leistungsfähigkeit und ihre Grenzen immer weniger realistisch einschätzten. Ich selbst sagte häufig (und darauf bin ich nicht mehr stolz): »Ich bin überrascht und staune, dass sich mein Pensum immer noch steigern lässt.«

Da der Realitätsverlust in der Regel nur langsam und immer steigernd erfolgt, wird der Vorgang zu wenig wahrgenommen und verhindert so eine normale Selbstregulation. Spannungszustände glaubt man selbst beheben zu können. Schließlich hat man sich über die Jahre sein eigenes Selbstmanagementsystem entwickelt. Und ein neues

Wort macht die Runde: Selbstcoaching. Das ist jene Methode, die sich aus dem Coaching ableitet und bei der man sich – sozusagen neben sich stehend – beobachtet und kluge Ratschläge gibt.

Als Freund und Befürworter dieser Methode möchte ich darauf hinweisen, dass Selbstcoaching bei Burn-out durch den typischen Realitätsverlust an seine Grenzen stößt. Hier liegt die Gefahr, dass der innere Regulationsmechanismus durch eine Machbarkeitsfantasie ersetzt wird und eine Selbstbeschwichtigung unheilvoll wird. Eine externe Unterstützungsinstanz ist dringend nötig, um den fehlenden Realitätsbezug auszugleichen und einen Ausweg aufzuzeigen.

Dazu kommt, dass gerade leistungsfordernde Menschen zu streng mit sich selbst umgehen. Wer dann mit genau den gleichen untauglichen Mitteln, die zur Misere führten, versucht, sich selbst zu coachen, wird scheitern. Dies gelingt genauso wenig, wie es gelingen kann, sich selbst am eigenen Schopf aus dem Sumpf zu ziehen. Wenn man zu hohe Anforderungen an sich stellt, ändert sich die Grundlage nicht, auf der ein Burn-out »gedeihen« konnte.

Coaching mit einem Profi

Coaching ist eine relativ neue Technik, die mit bereits bekannten Methoden arbeitet. Coaching spielt sich im weiten Feld zwischen persönlicher Beratung und Managementberatung auf der einen Seite und Psychotherapie auf der anderen ab. Allen darin versammelten Methoden ist gemein, dass der Coach dem Coachee eine Außensicht seiner persönlichen oder beruflichen Situation vermittelt und durch Beratung und Anleitung zur Überwindung von Problemlagen beiträgt.

Der Begriff selbst hat eine eher etwas skurrile Geschichte. Er leitet sich ursprünglich von der ungarischen Stadt Koks ab, die früher für ihre Pferdekutschen-Produktion bekannt war. Der Name wurde in England zuerst auf die Kutsche (englisch: *coach*) übertragen und ging mit der Zeit von dort auf den Fahrer des Gefährts über. Im nächsten Schritt wurde der Trainer oder Mannschaftsführer im Sport als Coach bezeichnet. Und seit den letzten zwei Jahrzehnten sind damit auch Fachpersonen umschrieben, die in vorwiegend beratender Funktion zu anderen Menschen in Interaktion treten.

Wenn der Coach sein Handwerk versteht, steigert er die Effizienz für seinen Kunden deutlich. Er erkennt die Möglichkeiten seines Gegenübers, schätzt sie realistisch ein und kann ihn mit Methoden unterstützen, die es letztendlich möglich machen, dass bestimmte Problemlagen wahrgenommen werden. Somit kann die nötige Änderungsmotivation zeitnah einsetzen.

Ein seriöser Coach kennt auch seine Grenzen: Wenn er selbst nicht über die notwendige Entstressungskompetenz verfügt, empfiehlt er seinen Klienten weiter und hilft damit, dass Umwege vermieden werden.

Coaching in unserem Zusammenhang dreht sich natürlich nicht um Karriereplanung oder konzeptionelle Strategien, sondern ganz grundsätzlich um die Unterstützung eines Menschen bei seinem Umgang mit Stress. Da die Selbstwahrnehmung gerade durch Stress reduziert funktioniert, hindert dies den Betroffenen daran, aus dem selbst gebauten Irrgarten selbstständig wieder herauszufinden. Der Coach muss behilflich sein, alle Stresskomponenten ab- und jene der Selbstwahrnehmung wieder aufzubauen. Das erfordert Fachkompentenz des Coachs und Unterstützung für die Selbstdisziplin des Coachee.

Die Selbstdisziplin kommt je nach Dauer des Burn-out-Zustandes nicht von selbst wieder zurück. Sie ist mit einer externen Unterstützung und entsprechenden Methoden immer leichter aufzubringen. Eine Erfahrung, die für fast alle Sportler, die Höchstleistung anstreben, selbstverständlich ist. Und aus einem Burn-out-Kreislauf wieder herauszukommen, das ist eine Höchstleistung.

Daneben steht natürlich grundsätzlich die Frage, wie wir uns in unserer Umwelt sehen. Jeder Mensch hat in seiner Wahrnehmung blinde Flecken. Unserem Bewusstsein ist immer ein nicht unerheblicher Teil unseres Seins und Verhaltens nicht zugänglich. Ob wir das nun wollen oder nicht – wir sind und verhalten uns immer nur zu einem Teil genau so, wie wir denken, dass wir sind und wie wir uns verhalten. Dabei sollten wir immer ein Interesse für diese andere, uns eigentlich nicht zugängliche Seite haben, um uns unserer Wirkung auf andere Menschen bewusst zu sein. Hier liegt ein ungenutztes Ressourcenpotenzial, welches spätestens bei einem Burn-out-Coaching als Nebeneffekt aktiviert wird.

Gerade wenn wir uns belastet fühlen, wenn unser Stresspegel ansteigt, wird dieser Anteil an uns nicht bewussten Eigenschaften größer. Diese können derart überhandnehmen, dass wir den Boden zu unserer eigenen Realität verlieren. Und spätestens dann ist es grundsätzlich notwendig, sich jemanden zu suchen, der sich traut und in der Lage ist, die Außenwahrnehmung so mitzuteilen, dass sie gehört werden kann.

Gerade für Führungskräfte ist es immer schwieriger,

nicht interessensgesteuerte oder taktisch eingesetzte Rückmeldungen im Berufsalltag zu erhalten. So finden wir hier ein wichtiges Betätigungsfeld für professionelle Coachs. Ihren Rat und ihre Wahrnehmung zu nutzen, kann unter Umständen eine kluge Investition sein, die verhindert, dass es überhaupt zum Burn-out kommt.

Ein guter Coach ist in der Lage, für seinen Klienten ein Spiegel zu sein, der auch die Schattenseiten seines Wesens zeigt. Das bedeutet, dass Verharmlosungen, Beschwichtigungen oder Verleugnung bestimmter Sachverhalte seitens des Coachee nicht so ohne Weiteres aufrechterhalten werden können. Und wenn der Coach sich an die Coachingprinzipien hält (was mit der zunehmenden Professionalisierung dieses Berufsstandes immer selbstverständlicher wird), bleibt die Selbstverantwortung umfassend erhalten oder wird so schnell wie möglich wiederhergestellt.

Auch bietet nach den neuesten Erkenntnissen der Gehirn- und der Stressforschung der persönliche, vertrauensvolle Kontakt zu einem Gegenüber eine wichtige Grundlage dafür, Neues wieder wahr- und aufzunehmen. Unser Gehirn ist dann in der Lage, schnell und kreativ neue Lösungen zu entwickeln, die für neues Denken genauso nötig sind wie für ein neues Verhalten. Also erleichtert ein gutes Coaching den nötigen Lern- und Umstellungsprozess enorm und wird dadurch zu einer hoch profitablen Investition.

Neuroimagination: Soforthilfe bei Stress und Burn-out

Zurück zur eigenen Kraft: Entstressung mit Neuroimagination

Wenn ein Mensch seine Selbststeuerung verloren hat, heißt das, dass die gewohnten Möglichkeiten, Einfluss auf sich selbst und das eigene Befinden zu nehmen nicht mehr funktionieren. Egal was die Person versucht, es gelingt nicht, zur Ruhe zu kommen, der Schweiß an den Händen oder unter den Armen fließt ungebremst, die Gedanken wollen nicht klar werden, jede Bewegung erfordert eine unglaubliche Anstrengung. Entspannungsbemühungen und dazu passende mündliche wie schriftliche Ratgeber wirken wie ein Hohn. Wenn dieser Zustand nicht nur Tage, sondern Wochen anhält und die eigenen Selbsthilfeversuche nicht zum Erfolg führen, dann auch noch Ärzte ratlos werden, Medikamente wenig wirkliche Verbesserung bringen, dafür unerwünschte Nebenwirkungen auslösen, beginnen auch beim stärksten Charakter massive Selbstzweifel – die nicht zuletzt zu einer Selbstaufgabe führen können.

In solchen Fällen ist es wichtig, ein funktionierendes Mittel, eine einfach durchzuführende Aktivität zu kennen, welche wie die Neuroimagination auf die Stressbildung so einwirkt, dass sich die hormonelle Situation schnell und deutlich verändert. Wenn dies auch noch aus eigener Kraft durchgeführt werden kann, dann erfüllt die Methode die Bedingung, die Selbstzweifel wieder abzubauen und das Zutrauen in die eigene Kompetenz wieder zu festigen.

Für mich kommt der Entstressung als Eingangsvoraussetzung im Burn-out-Programm höchste Priorität zu. Diese Entstressung muss eine Veränderung der hormonellen Situation in der Form nach sich ziehen, dass sich die Wahrnehmungssituation aufgrund der Cortisolreduktion spürbar verbessert. Denn nur wenn diese Reduktion der Hirnleistungsfähigkeit aufgelöst ist, kann die betroffene Person wieder klare Gedanken fassen und die eigene Situation realistisch einschätzen. Dies ist die Grundvoraussetzung dafür, dass eine Coaching-Intervention Früchte tragen kann. Denn:

Wenn durch die Stresssituation die Nerven nur fragmentiert leiten, sind die komplette Wahrnehmung der aktuellen Situation wie auch die Erinnerung hormonell bedingt verändert, realitätsfern und durch Selbstzweifel angstbesetzt. In diesem Zustand ist es unmöglich, zur eigenen Kraft zurückzufinden.

Denn wenn das Gehirn – vereinfacht ausgedrückt – nur auf »Not-Modus« arbeitet, kann man keine hohe und schon gar keine kreative Denk- beziehungsweise Hirnarbeit erwarten, die für eine positive Zukunftsausrichtung erforderlich ist.

Die beschriebene Situationsanalyse, inwiefern die fünf Lebensbereiche in Balance stehen (vgl. Seite 156), wird in der Regel durchgeführt, bevor die Entstressung stattgefunden hat. Darum sollte man sich bewusst machen, dass die Aussagen im »Ausnahmemodus« erfolgen und die gleiche Situation mit klarem Kopf anders beschrieben werden würde. Das kann verglichen werden mit der Erstellung einer groben Landkarte, die bezüglich der Feinheiten erst später, nach der Entstressung, ergänzt und objektiviert werden kann.

Die Funktionsweise der Methode »Neuroimagination«

Eine wissenschaftliche Expertise an der Universität Bern bestätigt, dass Neuroimagination eine kontrollierte Methode mit direkter Auswirkung auf die hormonelle Stressbildung ist. Die hohe Wirksamkeit hat eine Studie unter der Leitung des anerkannten Stressforschers Professor Manfred Schedlowski von der Universität Duisburg-Essen bestätigt. Aber was sind die Inhalte und die Wirkungsweisen dieser Methode?

Die Methode »Neuroimagination« ist eine Kombination aus einer Vielzahl von verschiedenen Techniken, die nach eigenen Regeln und in immer wiederkehrenden Abläufen eingesetzt werden. Eine Grundregel, auf der die komplette Arbeit aufgebaut ist, besagt, dass jede Befehlsanweisung zu vermeiden ist und der Coachee immer selbst eine Wahl zum Handeln haben muss. Diese Grundregel stellt einige Systeme und verschiedene Helfergruppen vor schier unlösbare Aufgaben. So bin ich damit zum Beispiel in einigen Kliniken vor unüberbrückbare direktive Barrieren gestoßen. Ebenso bin ich damit in Palästina an Grenzen gekommen, wo es für die Helfer undenkbar ist, keine direkten, befehlsmäßig vorgetragenen Anweisungen auszusprechen.

Unter der eben genannten Grundvoraussetzung des selbstbestimmten Handelns können die einzelnen, geschickt kombinierten Techniken in folgende Bereiche unterteilt werden:

- Coaching-Gespräch
- Atemtechnik
- Rechts-Links-Stimulation (entspricht der Stimulation der beiden Hirnhälften)
- Absenken und Beeinflussen der Körperfrequenz erzeugt Entspannung
- gedankliche Steuerung durch Erzeugen von inneren Bildern
- Aufmerksamkeitsfokussierung
- hypnotische Verankerung

Coaching-Gespräch

Die ganze Arbeit basiert auf den Coaching-Prinzipien: Das Coaching findet auf Augenhöhe und nur im Rahmen der vom Coachee erteilten Auftragsstellung statt. Es stehen immer der schnelle und effiziente Nutzen für den Coachee im Zentrum. Nach der kundenorientierten Auftragsklärung werden mit verschiedenen Gesprächstechniken, oft aus der lösungsorientierten Werkzeugkiste, die Beweggründe und Hinderungsgründe geklärt. Häufig ist während des ganzen Coachingverlaufs eine gewisse Unterstützung nötig, damit wiederkehrende negative Erwartungen rechtzeitig erkannt, auf Realitäten überprüft und entsprechend angepasst werden können. Das Pendel zwischen Hoffnung und Befürchtung, zwischen negativer Prophezeiung und Zukunftsfreude schwankt je nach Burn-out-Phase relativ schnell und leicht in eine destruktive negative Erwartung. Wenn diese negative Erwartung die Bildgebung der Imaginationen beeinträchtigt, kann die Neuroimagination keine echte Wirkung erzielen. Die schlechte Stimmung schwingt dann mit und wird die Bilderschaffung sabotieren. Darum ist es wichtig, im gezielten und gekonnten Coaching-Gespräch immer gegenseitig im Kontakt zu sein, und es ist Aufgabe des Coachs, dies ständig zu überprüfen. Die Präsenz des Coachs erfordert eine hohe Achtsamkeit und diese ist eine Grundbasis für die ganze Arbeit mit Neuroimagination.

Atemtechnik

Mit dem Atem wird der ganze Organismus gesteuert. Stress wirkt sich immer auf den Atem aus: Unter Stress atmen wir weniger tief, sondern flacher. Dies hat zur Folge, dass sich die ganze Körperpulsation durch den flachen Atem einschränkt: Die Gefäße werden nur noch eingeschränkt geweitet und bleiben vermehrt zusammengedrückt. Dieses Merkmal von fehlender Entspannung wirkt sich auch auf die Stresshormonbildung aus: Unser Antriebshormon Adrenalin wird bei flachem Atem vermehrt produziert. Wenn wir dagegen tief in den Bauch atmen, wird die Adrenalinproduktion reduziert. So kann mit dem Atmen direkt auf die Hormonbildung eingewirkt werden – oft ein erster Schritt zur Veränderung.

Rechts-Links-Stimulation

Wenn jemand selbst eine Rechts-Links-Bewegung ausführt, zum Beispiel mit den Fingern oder durch abwechselndes Schlagen der Hände auf die Oberschenkel der Beine, aktiviert er den Stoffwechsel immer in der gegenseitigen Hirnregion. Diese Stoffwechselanregung bewirkt, dass das gesamte Gehirn aktiver ist und somit leichter arbeitet. Die verschiedenen Hirnregionen sind besser und schneller verknüpft. Und im Besonderen: Blockierte Regionen kooperieren wieder besser miteinander. Wodurch die Konzentrationsleistung steigt und vergessen geglaubte Erinnerungen ins Bewusstsein zurückkehren.

Wenn der Atem bewusst und gezielt tief bis in den Bauch geht und gleichzeitig die Rechts-links-Stimulation erfolgt, kommt der Hormonreduktionsimpuls mit einer viel höheren Intensität beim Anwender an. Genauso wirken die Sinnesvorstellungen bedeutend intensiver, wenn das Gehirn zeitgleich in dieser Form stimuliert wird.

Im Gegensatz zu anderen Methoden bin ich bei der Rechts-links-Stimulation davon überzeugt, dass sie immer vom Coachee selbst und nicht vom Therapeuten oder Coach ausgeführt werden sollte. Auch bin ich der Meinung, dass eine Augenstimulation durch den Therapeuten, der den Klienten dazu auffordert, den Fingerbewegungen des Therapeuten nur mit den Augen zu folgen, in vielen Fällen nicht angebracht ist, da dieser Effekt nicht steuerbar und somit nicht kontrollierbar ist. Es ergibt sich dadurch eine Emotionsüberflutung, die zu einem unkontrollierten Wiedererleben von starken Gefühlen führt. Unangemessen dabei ist, dass der Betroffene große Mühe hat, diese Gefühle wieder unter Kontrolle zu bekommen. Werden dann zum Beispiel Gefühlsspeicher von Todesangst, Panik oder von Lähmung oder Erstarrung reaktiviert, ist auch mit einer Zunahme von Symptomen wie zum Beispiel Schlafstörungen, Körperschmerzen und Flashbacks zu rechnen.

Absenkung der Körperfrequenz erzeugt Entspannung

Der Körper soll sich nach einer Zeit der Überspannung entspannen können. Gleichzeitig mit der Atemtechnik und der Rechts-Links-Stimulation wird, vom Coach geleitet, eine Reise durch den Körper gemacht. Diese Achtsamkeitsübung sorgt dafür, dass die Selbstwahrnehmung steigt und die Impulse, die der Körper zum Gehirn gibt, abnehmen. In diesem Zustand sinkt der Blutdruck, der Kreislauf reduziert sich und die Kraft der Gedanken wird stärker. Diese Wirkung ist vergleichbar mit einer reduzierten Körperfrequenz.

Gedankliche Steuerung durch Erzeugen von inneren Bildern

Es ist auf biologischer Ebene nicht möglich, irgendetwas zu denken, ohne sich ein Bild, eine Vorstellung davon zu machen. Also sind wir Menschen ständig am Imaginieren – ohne uns dessen bewusst zu sein. Mit jedem Gedanken wird eine Imagination erzeugt. Wenn es uns schlecht geht, wenn wir Schmerzen haben, machen wir uns auch eine Vorstellung, eine Imagination davon. Es ist ein Kreislauf: Ohne Gedanken keine Imagination und ohne Imagination keine Gedanken. Und dieser Kreislauf, der blitzschnell, unbewusst und ständig abläuft, erzeugt die Hormone, die wiederum das passende Körpergefühl erzeugen. Die innere, unbewusste Erwartung ist maßgeblich für die Erzeugung des Gedanken-Vorstellungs-Kreislaufs verantwortlich. In diesen Prozess einzugreifen, zwischen Erwartung, Befürchtung, Hoffnung und realistisch Machbarem bewusst wählen zu können, ist die Herausforderung, die jede Veränderung nachhaltig beeinflusst.

Gezielt eine Vorstellung zu entwickeln von dem, was erreicht werden soll, wird hier in Form von Bildern praktiziert. Es kann experimentiert und ausprobiert werden, Befürchtungen können eine Gestalt bekommen und schlechte Erlebnisse können rein in der inneren Vorstellung wieder reproduziert und gekonnt verarbeitet werden. Da der Coach als enger Begleiter dabei ist, kann dieser bei der Steuerung der Bilder durch Anregung, nicht durch Vorgaben den Prozess bereichern und mit der Symbolkraft von Bildern spielerisch umgehen. So kann die Wirkung der Imagination im Trainingsverlauf gezielt gesteigert und den zu bearbeitenden Themen angepasst werden.

Aufmerksamkeitsfokussierung

Gezielt die Aufmerksamkeit der Gedanken zu lenken, ist eine Voraussetzung dafür, dass die gewünschten Effekte auch wahrgenommen werden können. Wenn man sich ein Bild innerlich vorstellt, wird der Coach gezielt nach der Körperwahrnehmung fragen. Dabei findet eine immer wiederkehrende Sinnabfrage statt. Durch diese Verknüpfung der gedanklichen Vorstellung mit einer Sinneswahrnehmung kann das Gehirn nicht mehr die Realitäten unterscheiden: das, was im Hier und Jetzt geschieht, oder das, worauf sich die Aufmerksamkeit gerade fokussiert. Das heißt, die Vorstellung gewinnt an Einfluss auf die Körperempfindung. Dabei wird auch die Auswirkung auf die Körperempfindung durch gezieltes Abfragen vonseiten des Coachs immer wieder in den Mittelpunkt gerückt.

Hypnotische Verankerung

Wenn ein gedachter, sich bildlich vorgestellter Zustand dem Wunschzustand nahekommt und mit der Sinneswahrnehmung verknüpft ist, entsteht eine Wirkung auf den Betrachter im »Hier und Jetzt«. Der imaginative Zustand überträgt sich dabei auf die Körperebene. Das heißt, der Körper kann gar nicht anders, als teilweise oder ganz den Zustand des in dem Bild ersonnenen Zustands zu übernehmen. Dies geschieht auf der Ebene der Muskulatur, der Gefäße, der Hormone und verändert somit das ganze tatsächliche Sein.

Dieser positive und gewünschte Zustand kann dann mit Techniken aus der Hypnose verankert werden. Dies geschieht, indem der Coach während der konzentrierten Sinnesabfrage zum Beispiel das Drücken auf einen Gegenstand wie einen Stein oder das Aufeinanderpressen der Finger anleitet. Wenn diese hypnotische Verankerung mehrmals erfolgreich durchgeführt wurde, lässt sich der neue Zustand in jeder Alltagssituation abrufen und nutzen.

Neuroimagination in der Praxis

Nachdem der Coachee unter Anleitung die Atem- und Stimulationsübungen trainiert hat, wie sie im Kapitel »Eine Übungs- und Trainingsanleitung« (Seite 143 ff.) beschrieben werden, findet eine Anleitung zur Entspannung statt. Das Besondere dabei ist, dass die Person durch ein ständiges taktiles Tasten von zwei Fingern aufeinander, immer abwechselnd rechte – linke, rechte – linke Hand, dauernd in Bewegung bleibt. Dadurch wird einerseits bewirkt, dass der Stoffwechsel von blockierten Hirnregionen angeregt wird, andererseits wird aber auch ein Entgleiten in eine nicht mehr steuerbare Trance verhindert.

Selbststeuerung in der praktischen Anwendung

In einem solch entspannten Zustand ist es möglich, unter Anleitung Vorstellungen, Bilder und Gedanken zu entwickeln, die sich funktional auf die Körperempfindung auswirken. Um diesen Vorgang zu verstehen, empfehle ich das Experiment mit einer Zitrone: Stellen Sie sich mit offenen oder geschlossenen Augen eine Zitrone vor. Und stellen Sie sich vor, dass Sie hineinbeißen. Geht dies, ohne dass Ihr Körper zum Beispiel mit Speichelproduktion reagiert?

So wie sich in Ihrem Körper bei diesem Experiment Speichel zur Abwehr der nicht wirklich vorhandenen Säure bildet, so entstehen bei allen gedanklichen Vorstellungen Körperreaktionen. Diese sind in einem entspannten und gleichzeitig hirnstimulierten Zustand besonders intensiv. Die Wirkung wird noch verstärkt, wenn der begleitende Coach den Coachee exakt nach seinen Sinneswahrnehmungen fragt.

Die praktische Umsetzung können Sie sich anhand folgender Fallbeschreibung in etwa so vorstellen:

Ein leitender Angestellter, nennen wir ihn Herrn Fischer, befindet sich im Ausnahmezustand und kommt trotz bestem Willen aus dem Erstarrungszustand nicht heraus. Mit dem Coach bespricht er eine Situation, an die er sich erinnern kann und in der er sich in einem gegenteiligen Zustand befand. Herr Fischer beschreibt zum Beispiel im Gespräch eine Szene aus seiner Hochzeitsreise als einen der besten Momente seines Lebens.

In der Neuroimagination ist er, nachdem der Coach

mit ihm eine Wahrnehmungsreise durch den ganzen Körper gemacht hat, ganz entspannt, er drückt in gemütlichem Tempo seine Finger aufeinander, immer abwechselnd, und beschreibt seine Erinnerung, wie er auf den Seychellen nach einem schönen Badeerlebnis im Liegestuhl liegt, entspannt ist und die Hand seiner Frau hält.

Der Körper kann schon gar nicht mehr anders, als sich zu entspannen und ein wenig so zu fühlen, wie Herr Fischer sich bei dem acht Jahre zurückliegenden Ereignis gefühlt haben mochte. Der Coach fragt gezielt nach allen Sinnen, also nach dem Geruch, den Geräuschen, der Temperatur, dem Wind, wie sich die Haut anfühlte oder welchen Geschmack er im Mund hatte – dort auf den Seychellen. Mit jedem Sinneseindruck, der erinnert wird, wird die Körperreaktion stärker und stärker. So kann Herr Fischer sich selbst vor dem inneren Auge betrachten, und im Hier und Jetzt, in der nüchternen Coachingpraxis, bekommt er ein anderes Gefühl, andere als die schlechten, negativen und die ganze Burn-out-Zeit bestimmenden Körpergefühle.

Er fühlt sich erstmals wieder anders – und dies als Folge seines eigenen, unter Anleitung stattfindenden Handelns. So wird jetzt erstmals richtig bewusst die fehlende Selbststeuerungskompetenz aufgehoben und durch eine methodisch erklärbare und nachvollziehbare Situation ersetzt. Diese sehr schnell einsetzende Erfahrung macht es möglich, dass gerade erfolgsgewohnte Menschen sich gut auf die Methode einlassen können und nach einer solchen Erfahrung sich eine eigene Nutzerdynamik entwickelt.

Wie in vielen Fällen war dies der Beginn eines schnellen Ausstiegs aus der Burn-out-Falle. Herr Fischer konnte schon nach drei Tagen die Methode für sich selbst anwenden und somit einen funktionsfähigen Körperzustand erzeugen. Fleißig, wie er von seinem Grundcharakter aus war, setzte er die Methode ohne Coach mit eigenen Bildern ein und konnte dadurch die Ruhe finden, die ihm auch genügend Schlaf ermöglichte. Da der Schlaf auch nicht von Albträumen gestört wurde und er sich eine Erholungsphase zugestand, konnte sich sein Körper wieder selbst regenerieren.

Wenn ein positiver Zustand gut verankert ist, kann der Anwender diese verankerte Imagination in jeder Belastungssituation nutzen. Auf der Bühne, in der Geschäftsverhandlung, dem schwierigen Elterngespräch als Lehrer: Holen Sie tief Atem, führen Sie eine kurze Zeit die Rechts-Links-Stimulation durch und drücken Sie dann Ihren Anker. Wenn Sie Daumen und Zeigefinger zum Ankern benutzt haben, haben Sie diesen Anker immer dabei. Wenn Sie den Anker drücken und es stellt sich nicht automatisch das dazu passende Bild vor Ihrem inneren Auge ein, helfen Sie nach, indem Sie bewusst Ihre Gedanken zu Ihrem inneren Bild lenken, also mithilfe des Willens die Vorstellung denken und dadurch erzeugen.

Diese Methode funktioniert in der Regel blitzschnell und verändert sofort Ihren Körperzustand. So können Sie Gelassenheit nicht nur in der Coachingstunde erzeugen, sondern in Ihren Alltag transportieren. Und mit dieser Gelassenheit gelingt Ihnen jede Aufgabe leichter.

Stressfragmentierungen auflösen

Nachdem die Selbststeuerungsmöglichkeit so wiederhergestellt wurde und der Betroffene diese Erfahrung noch einige Male wiederholt hat, beginnt das Beenden der unguten Situation, die neurobiologisch als noch nicht beendet und wie aktiviert im Gehirn abgespeichert ist. Dem Gehirn beziehungsweise gewissen Erinnerungsspeicher muss mitgeteilt werden, dass die Ausnahmesituation auch wirklich vorbei ist. Dies als Grundlage dafür, dass der Notfallmodus mit seiner permanenten Stressausschüttung abgeschaltet und der Normalmodus wieder eingeschaltet wird.

Dazu findet ein Gespräch zwischen Coach und Coachee statt, in dem geklärt wird, wie viele Ereignisse als so heftig erlebt wurden, dass sich dabei situationsbedingt eine NeuroStressFragmentierung hat bilden können. Dieses Gespräch konzentriert sich auf den Moment, bei dem die Erinnerung mitteilt, dass sich dort etwas Dramatischeres als üblich abgespielt hat. Und meist wird der Moment, in dem die Selbststeuerung aufgehoben wurde, als besonders dramatisch beschrieben. Ein ausgebildeter Coach erkennt diesen Moment daran, dass in der Regel

- die Schilderung der Ereignisse verwirrend und unklar wird,
- Lücken in der Erinnerung auftauchen,
- Körperreaktionen wie Gesichts- und Hautrötungen, Stimmveränderung, Schwitzen etc. auftreten,
- eine Sequenz der Handlungsunfähigkeit bei hoher Belastung geschildert wird.

Wenn man bedenkt, dass dieser Moment so intensiv war, dass der eigene Wille versagt hat und somit ein Ohnmachtsgefühl und ein Gefühl des Ausgeliefertseins vorherrschte, wird dieser Vorgang nachvollziehbar.

Oft ist es auf den ersten Blick nicht einsichtig, warum ein Kündigungsgespräch, eine Mobbingsituation, ein Ablehnungsbescheid so hohes Stresspotenzial hat. Aus meiner ganzen Arbeit wird jedoch deutlich, dass die Suche nach einem spektakulären, dramatischen Ereignis nicht angebracht ist. Was ein Mensch als wie schlimm erlebt, wird im Emotionszentrum entschieden. Somit entzieht sich die Stressbildung jeglicher Logik. Darum kann man nur feststellen, ob sich diese Fragmentierung gebildet hat oder nicht. Jede Frage nach dem »Warum?« führt hier nicht weiter.

Wenn eine solche Situation lokalisiert ist, folgt ein kurzes Gespräch darüber. Nach einer Prüfung, ob die Rahmenbedingungen und die Bereitschaft des Coachee stimmen, wird nun auf die gleiche Art wie an das positive Erlebnis an das belastende Erlebnis erinnert.

Die Funktion des Coachs

Der neuroimaginative Zustand wird mit einer Atemsequenz und der Rechts-Links-Stimulation eingeleitet. Dem schließt sich eine Entspannung des Körpers an. Der Coach ist dabei mit dem Coachee in einem engen Kontakt. Er sitzt so, dass er den Körper seines Coachee mit seinen Reaktionen genau beobachten kann. Er hilft die Aufmerksamkeit des Coachee zu lenken und fragt gezielt nach dem Spüren einzelner Körperregionen. Er geht dabei bewusst von den Füßen über die Beine, den Atem, den Armen und Händen zu Bauch, Nacken und Rücken.

Stellen Sie sich vor, dass während dieser *Spür-Denk-Konzentrationsaufgabe* permanent der Stoffwechsel im Gehirn angeregt und zeitgleich durch das gezielte Atmen ein Entspannungsimpuls im Gehirn erzeugt werden. In diesem Zustand werden nun innere Bilder erzeugt, Vorstellungen werden konkret beschrieben und der Coach hilft gezielt, diese Vorstellungen durch seine Fragen zu verstärken. Je konkreter eine Vorstellung ist, umso besser. Dann wird konkret die Person des Coachee in der Imagination beschrieben, wobei sich die Aufmerksamkeit von der Umgebung hin zur Empfindung orientiert.

Jetzt ist der Zustand erreicht, in dem die Selbststeuerung einsetzt. Bevor eine Verarbeitung oder Auflösung beginnen kann, stellt sich der Coachee einen als positiv wahrgenommenen Zustand vor und unterstützt dies mit all seinen Sinnen. Dies ist der Moment, in dem das Gehirn die Imagination in Bezug auf die Wirkung als eigene Realität registriert und entsprechende, zur Vorstellung passende Hormone ausschüttet. Der Coach leitet nun an, diesen Zustand durch das Drücken von Daumen und Zeigefinger zu verankern. Dieser Druck wird mit der Hormonausschüttung und der Körperreaktion dieses Moments verknüpft und somit für spätere Situationen abrufbar, reproduzierbar gemacht.

Erst wenn dies funktioniert und vom Coach entsprechend überprüft wurde, kann im nächsten Schritt die Auflösung von Inhalten aus dem Stresserinnerungsspeicher beginnen. Dies geschieht, indem eine Erinnerung nicht wie zuvor als einzelnes Bild aufgebaut wird, sondern indem ein ganzer Film von der zu verarbeitenden Situation, entwickelt vor dem inneren Auge, abgespult wird. Der Coach begleitet dies sehr intensiv. Er führt »Filmsteuerungstechniken« ein, übt zum Beispiel das Benutzen einer imaginären »Fernbedienung«. Diese lässt es möglich werden, dass in der Rekapitulation eines unguten und unbeherrschbaren Ereignisses die Erinnerung jetzt steuerbar und nicht als überwältigend erlebt wird. Nur dann können gezielt, planmäßig und kontrollierbar

- der neuroimaginative Zustand als Grundlage aufrechterhalten werden,
- durch die Hirnstimulation fehlende Erinnerungslücken wieder erinnert und somit geschlossen werden,
- die Sinneserinnerung wiederhergestellt und mit dem Geschehen gekoppelt werden,
- eine Um- und Neubewertung des Erlebten stattfinden,
- eine Integration der Entspannung auf Körperebene vollzogen werden.

Entkoppelung der Erfahrung von den Emotionen

Im Verlauf des Coachings wird dafür gesorgt, dass die Sinneswahrnehmung sich an den empfindlichen Stellen wieder zusammen erinnert. Das heißt, alle fünf Sinne werden mit dem Ereignis gekoppelt und erinnern sich zeitgleich an das Erlebnis.

So wird die Voraussetzung erfüllt, um ein Erlebnis auf neuronaler Basis in die Gehirnregion transportieren zu können, wo vergangene und verarbeitete Belastungen als »beendet« abgespeichert sind. Wenn ein Erlebnis in der Großhirnrinde abgespeichert ist, befindet es sich außerhalb des Emotionszentrums und ist nicht mehr unsteuerbar mit den Emotionen gemeinsam aktiv.

Wenn dies gelingt, sind die Blockaden im Gehirn wieder gelöst – die Nerven leiten ohne Fragmentierung und der Organismus hat auf neuronaler Ebene denselben Zustand wie vor dem negativen Ereignis. Somit kann der betroffene Mensch wieder auf seine gewohnten neuronalen Hirnmöglichkeiten zugreifen. Die Ressourcennutzung ist damit wieder uneingeschränkt möglich und die komplette körperliche Vitalität wiederhergestellt. Dies ist die Voraussetzung dafür, dass die an ein solches Ereignis gekoppelten mentalen und körperlichen Symptome sich wieder verändern und die Regeneration wieder ganzheitlich funktioniert.

Verarbeitung und Auflösung kumulierter Belastungen

Es kann sein, dass sich mehrere traumatische Ereignisse im Laufe der Lebenszeit angesammelt haben. Dann ist es ratsam, mit dem letzten stattgefundenen Ereignis zu beginnen.

Die Auflösung dieser Belastungen wirkt wie eine Befreiung von einer schweren Last. Vom Gehirn aus verändern sich die Nervenleitungsfunktionen, die die Körperfunktionen betreffen. Im Weiteren normalisieren sich auch alle anderen mentalen und körperlichen Funktionen, und der Betroffene hat als positiven Begleiteffekt eine nachhaltig hohe Stresskompetenz erworben. Für diese Verarbeitungsphase ist die sichere Handhabung der Neuroimagination* und damit der willentliche und bewusste Wechsel zwischen unterschiedlichen Gefühlserlebnissen – wie in der Selbststeuerungsphase erlernt – Voraussetzung.

In der Phase der Verarbeitung der belastenden Erlebnisse erinnern sich die Betroffenen an das oder die Ereignisse, die den Höhepunkt der Belastungssituation gebildet haben. Um eine Überforderung zu verhindern, wird eine zweite Grundvoraussetzung geschaffen: Es wird eine bestimmte distanzierte Betrachtungsweise der eigenen Per-

* Um vor Missbrauch durch falsche Anwendung zu schützen, darf die Methode nur von geprüften und lizensierten Neuroimaginationscoachs® angewandt werden. Adressen erhalten Sie über die Brainjoin AG in Wil und Hamburg (s. Seite 181).

son trainiert. Die Person lernt, sich selbst von außen zu betrachten.

An dieser Stelle kann sich der Betroffene entscheiden, ob sich seine Situation durch das stabilisierende Coaching schon so weit verbessert hat, dass er sie bereits als zufriedenstellend erlebt, oder ob er sich mit den ursächlichen Ereignissen beschäftigen möchte, um das traumatische Ereignis hirnphysiologisch wirklich aufzulösen und endgültig abzuschließen.

Mit den bisher erarbeiteten Techniken werden die relevanten Ereignisse in der Verarbeitung erinnert und geschildert. Mit verschiedenen Hilfsmitteln unterstützt der Coach den Coachee dabei, ein komplettes Erinnerungsbild zu erstellen, in dem alle Wahrnehmungen und Sinneseindrücke zusammengefügt werden. Dies gelingt mit entsprechenden Hilfen viel besser, als die meisten Personen zuerst vermuten, da sie typischerweise Erinnerungslücken haben.

Die notwendige Dissoziation wird erleichtert durch die schon beschriebene »Filmtechnik«. Die eigenen Erlebnisse werden dabei wie in einem Film gesehen, wo man dem Menschen, der man selbst bei dem vergangenen Ereignis war, zuschaut, wie ihm die verschiedenen Dinge widerfahren und wie er in den Situationen mit den Belastungen umgegangen ist.

Was ist das Ergebnis dieser Arbeit?

Die Erinnerungen steuern nicht mehr den Menschen, sondern der Mensch steuert die Erinnerungen.

Viele Betroffene schildern den Augenblick, in dem sie sich dessen gewahr werden, als sehr bewegend.

Nach einiger, manchmal Geduld und Ausdauer erfordernden Auflösungsarbeit hat die Person schließlich ein vollständiges Bild von den Erlebnissen mit allen dazugehörenden Erinnerungselementen und Sinneseindrücken. Die Erinnerung kann dadurch als ein gewesenes, ein vergangenes, ein abgelaufenes Erlebnis betrachtet werden. Sie wird innerlich nicht mehr als latent aktiv und begleitend, sondern als beendet und abgeschlossen verbucht – eine wichtige Voraussetzung, um sich dem Leben mit all seinen Herausforderungen stellen zu können.

Verfestigte Körperreaktionen auflösen

Da der Körper im Moment des belastenden Ereignisses eine starke neurobiologische Schutzreaktion erlebt hat, ist es wichtig, dass die Körperreaktionen aus den belastenden Momenten in dieser Phase der Coachingarbeit erinnert, wahrgenommen, zugeordnet und auch wieder aufgelöst werden. Diese körperlichen Reaktionen, die sich allzu oft in der gesamten Burn-out-Zeit hartnäckig verfestigt haben, müssen in dieser Phase des Coachings in den Fokus der Aufmerksamkeit rücken.

Wenn die Stresssituation beendet ist und die Erlebnisse verarbeitet und aufgelöst sind, ist es hilfreich, Impulse für eine Normalisierung der Körperlichkeit zu geben. In fast allen Burn-out-Programmen kommt hier erstens der medizinischen Behandlung von Fehlentwicklungen, zweitens der Verbesserung der Bewegungsgewohnheiten, drittens der bewussten Ernährung und der bewussten Entspannungszeiten (am besten durch genügend Schlaf) entsprechende Bedeutung zu. Zusätzlich regt ein guter Neuroimaginationscoach den Körper zu einer Rückkehr zu einer gesunden Funktionsweise an. Dies tut er, indem er in dieser Phase bewusst und gekonnt die Körpersituation im Stress imaginativ betrachten lässt und dann eine Vorstellung von einer idealen Körperfunktion entwickeln hilft. Diese ideale Körpersituation, also eine Situation mit wiederhergestellter Gesundheit, ausgeschlafen und mit gewünschter Beweglichkeit, wird mit der neuroimaginativen Technik gezielt ausgebaut und ins Hier und Jetzt übertragen. Der Betroffene erhält dazu Übungen, die er in seinen Alltag übernehmen und dort anwenden kann. Damit wird die neuronale Bereitschaft, einen gesunden und vitalen Zustand zu erreichen, angeregt.

Hier zwei Beispiele solcher Übungen:

Übung 1: Tiefes Durchatmen mit gleichzeitiger Rechts-Links-Stimulation (vgl. Seite 143 f.) der Finger und dann gedanklich das im Coaching vorbereitete Bild oder die Vorstellung vor dem inneren Auge vorstellen. Hier können situationsausgleichende Imaginationen im Coaching trainiert werden, die dann im Alltag je nach Bedarf eingesetzt werden. Effekt: Es stellt sich eine schnelle Veränderung der Stimmung und Haltung ein, welche dann eine andere Basis zur Bewältigung von Belastungssituationen und den damit verbundenen Emotionen wie Angst, Verzweiflung, Wut etc. ergibt.

Übung 2: Rechts-Links-Stimulation von Daumen und Zeigefinger im Stehen, Arme in die Höhe über den Kopf heben und dabei tief einatmen. Sich mit gehobenen Armen und gleichzeitiger Rechts-Links-Stimulation schütteln und dann mit einem tiefen Ausatmen die Arme nach unten fallen lassen, bis die Hände kurz vor dem Boden baumeln. Dort die Arme leicht ausschütteln und tief einatmen und die Übung noch zweimal wiederholen.

Mir hat dies sehr geholfen, mein Gewichtsproblem zu reduzieren. Ich habe mich immer wieder und sehr häufig in Situationen, wo Essen verführerisch lockte, mit meinem Idealgewicht vorgestellt. Die Beweglichkeit dieses Horst Kraemers mit Idealgewicht und sein Wohlbefinden waren sehr attraktiv und haben mich gut motiviert. Ich habe innerhalb von einem halben Jahr 22 Kilo abgenommen. Die Neuroimagination war dabei nur ein Teil meines Programms, hat aber meine mentale Einstellung sehr geprägt und mir meine Ernährungsumstellung und Sportaktivitäten sehr erleichtert. (Empfehlen kann ich zum Thema »Ernährung« übrigens das Buch *Fette Irrtümer* von Paolo Colombani, der mit neuesten Erkenntnissen eine Reihe von Ernährungsmythen entlarvt.)

Verdeckte Burn-out-Faktoren

Nachdem bisher die Spitzenerlebnisse der Belastungszeit, also die Punkte am Ende der Burn-out-Spirale im Zentrum der Betrachtung standen, ist es nun wichtig, das Augenmerk auf weitere Burn-out-Faktoren zu lenken. Oft stehen betroffene Menschen in Lebenssituationen, die insgesamt ein sehr hohes Stresspotenzial haben. So hatte ein Klient zum Beispiel große Mühe mit seiner Familie, nachdem sein 15-jähriger Sohn nach einem Diebeszug nachts von der Polizei heimgebracht wurde. Oder eine junge von Burn-out betroffene Frau stellte fest, nachdem sie mithilfe von Coachingtechniken wieder einen klaren Zustand mit klarem Kopf erreicht hatte, dass das heimliche sexuelle Verhältnis mit ihrem »glücklich« verheirateten Chef ein viel höheres Stresspotenzial enthielt als die vorher im Zentrum der Aufmerksamkeit stehende Arbeitssituation.

Es zeigt sich in meiner Praxis, dass sehr häufig gewaltige Themen hinter der Fassade der friedfertigen Normalität lauern können. Diese sind oft schambesetzt, und der Burn-out-Zustand bietet eine Chance, mit einem professionellen Helfer auch über diese Aspekte zu sprechen. Meist kommen burn-out-gefährdete Menschen von sich aus nicht auf die Idee, sich auch zu diesen Themen Beratung einzuholen.

Für Coachs ist es sehr wichtig, sich dieser Problemstellung bewusst zu sein. Genauso wichtig ist es, die Entscheidung, diese Themenstellung im Coaching zu besprechen, dem Klienten selbst zu überlassen. Ich gebe hierzu meist eine kurze theoretische Erklärung ab, in der ich von anderen Kunden spreche und dabei darauf hinweise, dass im Coaching häufig auch andere belastende Lebenssituationen im Blick seien, wie Stress mit Kindern, Partnern, Geld, Außenbeziehungen oder schlimme Ereignisse wie Verkehrs- oder andere Unfälle. Manchmal sei es sinnvoll, diese zu besprechen, weil allein das Darüber-Sprechen oft schon erleichternd wirkt. Vielleicht könne der Klient für sich prüfen, ob dies bei ihm auch der Fall sein könnte … Meine Gegenüber beginnen dann für sich darüber nachzudenken und es haben sich schon oft gute Gespräche daraus ergeben.

Manchmal muss man gar nicht so weit suchen. Herr Meister, den wir aus einem früheren Fallbeispiel kennen (vgl. Seite 84 ff.), schilderte den Moment, als er in China seine Kraft verlor, »als wenn eine Lawine über mich hereinbrechen würde«. Auf meine Frage, ob er das Gefühl von irgendwoher kenne, kam die prompte Antwort: Ja, genau, nämlich als er mit der ganzen Familie im Auto während der Heimfahrt nach einem Wintersporturlaub in eine Lawine geraten sei. Voilà! Auf mein Nachfragen erfuhr ich, dass dieses Ereignis nicht einmal sechs Monate vor dem Knock-out durch Burn-out lag. Erst nachdem wir auch dieses Ereignis mit Neuroimagination aufgelöst hatten, verschwanden die Symptome restlos.

III Ein Coaching-Ansatz mit Neuroimagination

Gerade Menschen mit einem hohen Selbstwert und Selbstbewusstsein leben lange und gut ohne Fremdhilfe und sind es eher gewohnt, andere zu unterstützen, als selbst Hilfe für sich in Anspruch zu nehmen. Die Unterstützung eines Coachs ist eher nicht vorgesehen und der Gang zum Therapeuten entspringt einer anderen, unbekannten und nicht ins Werteschema passenden Welt.

Wenn dann Unterstützung in einem Coaching gesucht wird, obwohl ein Burn-out-Endzustand noch gar nicht erreicht ist, zeugt das von einer sehr hohen Selbstkompetenz. Ein Zeitpunkt, bei dem zwar schon einige Symptome greifen und damit ein gewisser Leidensdruck vorhanden ist, aber die Stress-Fragmentierung noch keine »Leitungen« im Gehirn blockiert, sondern lediglich reduziert, bildet eine sehr gute Ausgangsbasis für ein Erfolg versprechendes Coaching. In diesem Stadium besitzt der erfolgsgewohnte Mensch noch genügend Kraft und auch die nötige Disziplin, mit entsprechend kompetenter Unterstützung seine Fähigkeiten, die er vorher für sein Berufsleben zur Anwendung gebracht hat, für die Veränderung seines Lebens einzusetzen.

Ein Coach muss jedoch in der Lage sein, den hohen Ansprüchen bezüglich Schnelligkeit, Analysefähigkeit und wirkungsorientierter Methodik zu entsprechen, um eine Akzeptanz wirklich zu erreichen. Damit wäre die Basis für eine gute Kooperation gegeben, die die Selbstbestimmung des Klienten schnell wiederherstellen lässt.

Gerald Ludwig, 54 Jahre alt, ist Leiter der Rechtsabteilung eines großen Dienstleistungskonzerns. Er ist direkt dem Vorstand unterstellt und arbeitet seit 23 Jahren im Konzern. Der Erhalt seiner Stelle war sein langes Karriereziel, und er ist fachlich wie menschlich in seiner Eigenwahrnehmung am rechten Ort, um seine Fähigkeiten am wirkungsvollsten zur Geltung zu bringen. Der Konzern ist nach einem Verkauf vor sieben Monaten in eine viel größere, ausländisch geführte internationale Struktur integriert worden. Herrn Ludwigs Verantwortungsgebiet ist damit gewachsen und er wurde jetzt persönlich dem Vorstand und bei gewissen Vertragsanpassungen auch dem Aufsichtsrat gegenüber verantwortlich. Die zeitliche Anforderung wurde für Herrn Ludwig zeitweise sehr hoch, sodass er sich ein Zimmer in der Nähe zum Büro organisierte und nur am Wochenende zu seiner Familie fuhr.

Er war voll im Einsatz und in einer sehr aktiven Phase, als ihm von seinem Vorgesetzten zu einem Coaching bei mir geraten wurde. Was war diesem aufgefallen? Der in Stressfunktionen ausgebildete Vorstand nahm eine sehr leichte Gereiztheit wahr und schaute daraufhin etwas genauer hin. In Ludwigs Abteilung war bei einigen Mitarbeitern und Mitarbeiterinnen eine gewisse Unruhe zu spüren, Konfliktgespräche häuften sich. In einem persönlichen Führungsgespräch – was bei einem guten Verhältnis sehr ergiebig sein kann –, kam dann die Unzufriedenheit auf den verschiedenen Ebenen zur Sprache. In dem geschickt geführten Gespräch konnte Herr Ludwig nach gezielter Nachfrage über seine Schwierigkeiten mit dem Einschlafen reden – und morgens sei »eine nicht gekannte Lustlosigkeit der Arbeit gegenüber schon zu spüren«.

Das Angebot zum Coaching nahm Herr Ludwig an. Als wir uns bald danach trafen, kam auch heraus, dass er selbst sehr beunruhigt über das war, was er seinem Vorgesetzten gegenüber so nicht sagen wollte: Er litt unter Konzentrationsproblemen, Ineffizienz und Sinnlosigkeitsempfindungen. Am meisten beunruhigten ihn zwei Dinge: einerseits, dass er sich nicht mehr an alles erinnern konnte und er kleine »schwarze Löcher« in der Wahrnehmung hatte, und andererseits, dass er immer öfter mit seinen Mitarbeitern aneckte, etwas, was er von sich bisher nicht kannte.

Gerald Ludwig machte sich in allen Coaching-Sitzungen in einem kurzen, effektiven Protokollstil Notizen von den theoretischen Erklärungen und von seinen persönlichen Erkenntnissen. Und er schrieb sich aus allem eine Handlungskonsequenz auf. Diese ihm eigene Art machte es möglich, dass wir uns nach nur fünf Sitzungen wieder voneinander verabschiedeten.

Schon in der zweiten Sitzung erzielte das Entspannungstraining eine große Wirkung, und Herr Ludwig integrierte dieses geschickt mehrmals täglich in seinen Alltag. Er konnte auch einen Kurzurlaub über vier Tage bei sich zu Hause organisieren. Er nutzte diesen, seiner Frau einen großen Wunsch zu erfüllen. Mit der Aktivierung seiner blockierten Hirnregionen konnte er sich auch dem Problem seiner Arbeitsanforderungssteigerung mit der gleichen

Kraft widmen, die ihn vorher fast 30 Jahre im Beruf vorangebracht hatte.

Schon nach vier Wochen stellte sich sein vorher gewohntes Arbeits- und Lebensgefühl wieder ein. Eine Überprüfungssitzung nach drei Monaten bestätigte das Ergebnis. Er war mit sich und dem Erreichten sehr zufrieden. Seine Aufgaben grenzte er aus eigener Erkenntnis jetzt besser ab. Seiner Angst, in der neuen Unternehmenssituation nicht mehr gebraucht zu werden, konnte er sich nun bewusst stellen und so einen guten Umgang damit finden. Und seine Neigung, die Mitarbeiter unter Druck zu überfordern, statt zu fordern, hatte er nach eigenem Bekunden auch nachhaltig geändert. Sein Vorgesetzter konnte schließlich bei einer zufälligen Begegnung den positiven Selbsteindruck von Herrn Ludwig mit der entsprechenden Zufriedenheit bestätigen.

Ein so schnelles Ergebnis erfordert neben einer hohen Motivation auch ein gutes Verhältnis und Vertrauen zu den beteiligten Personen. So konnte Herr Ludwig das Coaching-Angebot seines Chefs als Beweis seines Marktwertes betrachten und als Tatsache, dass seine Firma in ihn investiert. Das war eine gute, Sicherheit gebende Basis für die Coaching-Arbeit, die auch in diesem Fall sehr schnell zur Sache kommen konnte. Unter diesen Umständen kann der persönliche Ressourcenzugang sehr schnell geschaffen und damit auch die Basis zum Selbstcoaching, also der Weg zum eigenen Expertentum, gelegt werden.

Das ist kein Einzelfall: Erfolgreiche Menschen haben oft ein entsprechendes Reservoir an Möglichkeiten, um ihre Selbstverantwortung zu erhalten oder wieder zurückzugewinnen.

Unter Umständen ist der professionelle Coach gar nicht erforderlich. Dies bestimmt sich durch die Schwere der Situation, die Zeit, die zur Verfügung steht, und die Disziplin der betroffenen Person. Wer trotz Krisensymptomen noch über genügend Willenskraft und Disziplin zur Veränderung der eigenen Lage verfügt, dem werden die folgenden Zeilen behilflich sein, das eigene Stressmanagement mit einem Training zu verbessern.

Auf zwei Dinge soll aber vorab hingewiesen werden: Die folgende Anleitung basiert auf der Methode der Neuroimagination. Allerdings lässt der im Folgenden beschriebene Teil der Methode das persönliche Potenzial nur teilweise ausschöpfen. Der gewünschte Effekt wird voll erreicht, wenn ein ausgebildeter Trainer oder Neuroimaginations-Coach® die Übungen auch in der Tiefenentspannung und sehr individuell auf die einzelne Person angepasst durchführt.

Außerdem sei warnend darauf hingewiesen: Die Methode wirkt! Und weil sie wirkt, kann sie auch das persönliche Grundempfinden verändern. Es kann aber nicht das Ziel sein, dass Betroffene die Methode anwenden, um ihre Leistung und die Zeit, die sie ohne Schlaf auskommen, zu steigern, ohne sich um die Abläufe und Dinge zu kümmern, die zu ihrer Stresssituation geführt haben oder noch führen werden. Also muss vermieden werden, dass die Methode zu einer noch höheren Selbstausbeutung missbraucht wird.

Aus dem bisher Beschriebenen sollte deutlich geworden sein, dass die erfolgreiche Überwindung von Burn-out nicht allein davon abhängt, dass man eine revitalisierende

Methode verwendet – als ob nur ein Schalter umgelegt werden müsste: Wer nicht die eigenen Lebensbedingungen überprüft und daraus die richtigen Schlussfolgerungen zieht, wird früher oder später an den Punkt kommen, an dem der Körper streikt.

Meine eigene, zu Beginn erzählte Geschichte ist das beste Beispiel dafür, wie diese Selbstüberlistung *nicht* funktionierte. Mein Arzt war sehr erstaunt, dass mein Blutdruck bei dem Stressbild, welches sich in den Blutwerten abzeichnete, keine sonstigen Auffälligkeiten gezeigt hatte. Natürlich hatte ich meinen Organismus als Selbstanwender unserer Methode der Neuroimagination regelmäßig in Entspannung gesetzt, aber das fand nach mehr als fünf Jahren Selbsttäuschung seine Grenzen – meine Niere machte nicht mehr mit.

Lange Rede, kurzer Sinn: Auch wenn Ihr Körper kein eindeutiges Signal, keine eindeutige Erkrankung zeigt, sollten Sie auf die Sprache Ihres Körpers achten. Sie kennen sich selbst am besten. Also sollten Sie auch am besten in der Lage sein, Ihren Zustand zu vergleichen und zu beurteilen.

Vielleicht suchen Sie das Gespräch zudem mit jemandem, dem Sie vertrauen. So kommen Sie zu einer schnellen Außenbewertung. Es könnte Sie erstaunen, wie gut Sie ein guter Freund, Ihr Partner oder Ihre Partnerin oder sogar Ihr pubertierendes Kind kennt!

Ein Test zur Einschätzung Ihrer Stressbelastung

Der folgende Schnelltest ist gut geeignet, um sich selbst kurz und bündig zu überprüfen. Er ist jedoch ursprünglich entstanden, um Vorgesetzten, Personaldienstleistern, Versicherungsmitarbeitern, Lebenspartnern etc. eine schnelle Einschätzmöglichkeit über die Stressbelastungssituation Burn-out-Gefährdeter zu geben.

Beantworten Sie die folgenden Fragen für sich selbst oder für die Person, die Sie einschätzen wollen, mit Ja oder Nein. Wenn Sie mehr als drei Fragen mit Ja beantwortet haben, sollten Sie unbedingt näher hinschauen – nehmen Sie die Situation ernst. Näher hinschauen können Sie, indem Sie den nachfolgenden ausführlichen Test durchführen oder sich zu einem Mental-Check-up anmelden. Eine systematische Fremdbeurteilung Ihrer eigenen persönlichen Situation gibt schnell Klarheit und ist der erste Weg, sich selbst als wichtigstes Medium des Seins ernst zu nehmen.

Sieben entscheidende Fragen

1. Schlafen Sie schlecht?
   (Schwieriges Einschlafen, zu frühes Aufwachen, Albträume ...)
2. Haben Sie diffuse Körperempfindungen, Schmerzen?
   (Muskel-/Nackenverspannungen, Magen-, Kopf-, andere Schmerzen, Übelkeit, Kreislaufprobleme ...)
3. Ist Ihre Konzentration schlechter, als Sie es von sich gewohnt sind?
4. Sind Sie emotional nicht so ausgeglichen, wie Sie es von sich gewohnt sind?
   (Lustlos, gereizt, launisch ...)

5. Fühlen Sie sich in Ihrer Denk-, Merk- und Erinnerungsfähigkeit schlechter als gewohnt? (Vergesslich, schwerfällig im Denken ...)
6. Haben Sie Schwierigkeiten, sich zu entspannen?
7. Kreisen Ihre Gedanken und haben Sie Mühe, »abzuschalten«?

Wenn Sie, angeregt durch diese Fragen, es für sich oder für eine von Ihnen einzuschätzende Person genauer wissen wollen, füllen Sie den folgenden Fragebogen aus. Er regt zum Nachdenken an und gibt genauere Auskunft darüber, in welchen Bereichen etwas aus dem Ruder läuft. Und es ist immer gut, sich auch fremdbeurteilen zu lassen – so können Sie Ihr Selbstbild mit Ihrer Wirkung auf andere Menschen vergleichen.

Fragebogen: NeuroStressFragmentierung bei Burn-out

Schlafen Sie gut ein?	❍	ja	❍	nein
Schlafen Sie durch und fühlen Sie sich beim Aufwachen ausgeruht?	❍	ja	❍	nein
Aufgaben bereiten Ihnen regelmäßig ein gutes Gefühl?	❍	ja	❍	nein
Die Relation zwischen Ihrer Arbeitsleistung und der Anerkennung/Entschädigung stimmt für Sie?	❍	ja	❍	nein
Erleben die Mitmenschen um Sie herum Sie gewohnt angenehm?	❍	ja	❍	nein
Erleben Sie Ihre Mitmenschen verändert, eher negativ?	❍	ja	❍	nein

Ihre Kommunikation ist meist zieldienlich?	❍	ja	❍	nein
Erleben Sie Konflikte in ihrer Häufigkeit und Intensität als normal und meist lösbar?	❍	ja	❍	nein
Bei Problemen finden Sie wie gewohnt Lösungen?	❍	ja	❍	nein
Sind Ihre sozialen Beziehungen intakt und stimmt auch das Maß für Sie?	❍	ja	❍	nein
Ihr Körpergewicht ist konstant und Sie sind damit zufrieden?	❍	ja	❍	nein
Sie erinnern sich an alles in gewohnter Art und Weise?	❍	ja	❍	nein
Sie können sich auf Ihre Konzentration verlassen?	❍	ja	❍	nein
Sie können sich wie gewohnt selbst motivieren?	❍	ja	❍	nein
Sie spüren am Wochenende Lust und Kraft für private Aktivitäten?	❍	ja	❍	nein
Ihre Verdauung ist für Sie erleichternd?	❍	ja	❍	nein
Sie haben Lust auf körperliche Bewegung?	❍	ja	❍	nein
Ihre Libido lässt Sie wie gewohnt sexuell aktiv sein?	❍	ja	❍	nein
Ihr Körper zeigt keine Auffälligkeiten.	❍	ja	❍	nein
Sie nehmen keine Medikamente und/oder Drogen.	❍	ja	❍	nein
Sie trinken wenig Alkohol.	❍	ja	❍	nein
Sie haben keine starken Stimmungsschwankungen.	❍	ja	❍	nein

Sie leiden nicht unter				
■ Schmerzen	❍	ja	❍	nein
■ Blutdruckproblemen	❍	ja	❍	nein
■ Haarausfall/Hautproblemen	❍	ja	❍	nein
■ Schwindelanfällen	❍	ja	❍	nein
■ Hunger-/Essattacken	❍	ja	❍	nein
■ Übersättigungsattacken	❍	ja	❍	nein
Fehlleistungen, wie Gegenstände verlegen, kommen selten vor?	❍	ja	❍	nein
Sie sind immer zeitlich und räumlich orientiert?	❍	ja	❍	nein
Sie können Ihre Grenzen rechtzeitig anmelden?	❍	ja	❍	nein
Sie haben keine zunehmenden, sich steigernden Ineffizienz-, Schuld- und Versagensgefühle.	❍	ja	❍	nein
Sind die Ihnen übertragenen Aufgaben sinnvoll?	❍	ja	❍	nein
Werden die Ergebnisse Ihrer Arbeit gebraucht?	❍	ja	❍	nein
Werden Ihre Arbeitsergebnisse wahrgenommen und bekommen Sie regelmäßig Feedback?	❍	ja	❍	nein

Wenn Sie alle Fragen frei von Druck und ehrlich beantwortet haben, zählen Sie die Neins zusammen.

Wie ist Ihr Grundgefühl? Können Sie sich entspannt zurücklehnen, weil Sie wissen, die Welt ist für Sie in Bezug auf Burn-out in Ordnung? Herzlichen Glückwunsch. Falls nicht, übernehmen Sie die Verantwortung für sich selbst.

Wenn Sie mehrheitlich mit »ja« geantwortet haben, brauchen Sie sich keine weiteren Gedanken zu machen. Wenn Sie mehr als viermal »nein« angekreuzt haben, sollten Sie aufpassen und sich nicht selbst belügen. Schätzen Sie Ihren Zustand realistisch ein.

Aus eigener Erfahrung weiß ich, dass die Zuspitzung zu einer persönlichen Krise meist durch einen Vorgang hervorgerufen wird, der allein es kaum wert wäre, wahrgenommen zu werden. Aber plötzlich steht man vor einem Berg von Problemen – und dann war der letzte Vorgang, die letzte Ereigniskette, egal, wie wenig bedeutend, genau das eine Glied zu viel.

Wenn Sie entscheiden, dass es für Sie lohnend wird, Ihrem Stressumgang und der Burn-out-Gefahr besondere Aufmerksamkeit zu widmen, besteht der erste Schritt darin, die Verantwortung für diesen Zustand zu übernehmen. Dies ist eine der wichtigsten Entscheidungen in Ihrem Leben. Vor allem wenn es um Ihre Gesunderhaltung geht, sollten Sie sich nicht von Ihrer Macht über sich selbst trennen und die Schuld nicht woanders suchen.

Lösen Sie sich von der Erwartung, dass jemand anders Ihnen helfen kann oder soll. Sie selbst können sich am besten helfen. Dazu müssen Sie allerdings die Bereitschaft aufbringen, nach den für Sie passenden Methoden und geeigneten Menschen zu suchen, die Sie dabei unterstützen.

Eine Übungs- und Trainingsanleitung

Im Folgenden finden Sie eine kleine Übungs- und Trainingsanleitung, die Bestandteil unserer Methode der Neuroimagination ist.

Suchen Sie sich eine bequeme Sitzgelegenheit, vielleicht mit Armlehnen. Die Füße sollten gut auf dem Boden verankert und der Rücken sollte vom Sitz gestützt sein. Vergewissern Sie sich, dass Sie gut mit dem Boden verbunden sind und Sie Ihre Füße spüren.

Stimmen Sie sich auf Ihren Körper ein

- *Bauchatmung:* Legen Sie eine Hand auf Ihren Bauch. Atmen Sie tief ein und aus. Beobachten Sie, ob die Hand auf dem Bauch sich hebt und senkt. Die Bauchatmung wirkt sich durch die Reduzierung der Stresshormone positiv auf Ihren Stresshormon-Haushalt aus.
- *Rechts-Links-Stimulation:* Atmen Sie tief ein und beginnen Sie, Daumen und Zeigefinger beider Hände kraftvoll aufeinanderzupressen und wieder zu lösen – dies in einem Ihnen angenehmen Tempo und Rhythmus. Wichtig dabei ist, dass Sie die Druckbewegung nicht gleichzeitig, sondern abwechselnd mit der rechten und linken Hand ausführen. Fahren Sie mit der Rechts-Links-Stimulation so lange fort, wie es Ihnen ohne große Anstrengung möglich ist. Wenn Sie jeweils acht- bis zwölfmal abwechselnd Ihre Finger aufeinandergepresst haben, atmen Sie tief ein und aus. Üben Sie täglich, bis es Ihnen gelingt, diese Übung ohne Kraftanstrengung zehn Minuten durchzuhalten.

  Rechts-Links-Stimulationen lassen sich auch durch abwechselndes Klopfen auf Ihre Oberschenkel oder durch das Bewegen der Zehen an die Ober- und Unterseite der Schuhe erreichen. Praktizieren Sie das, was Sie für sich stimmig empfinden. Diese vermeintlich simple Übung bewirkt eine Steigerung der Hirnaktivität und damit eine verbesserte Reizleitung verschiedener – auch blockierter – Hirnregionen.

Lenken Sie Ihre Aufmerksamkeit mit Imagination

Wenn Sie mit der Bauchatmung und der Rechts-Links-Stimulation Ihr Gehirn aktiviert haben, erreichen Sie dadurch, dass der Stoffwechsel in der blockierten Gehirnregion angeregt wird. Dadurch sind die Nervenbahnen einfacher zu erreichen. Wenn Sie dann mit Ihren Gedanken kontrolliert Vorstellungen erzeugen, kann das Gehirn nicht anders, als sich diese Gedanken in seiner gewohnten Art und Weise vorzustellen – Sie erzeugen eine Imagination.

Immer wenn Sie eine solche Imagination erleben, regt das Gehirn im ganzen Körper eine biochemische Reaktion an. Die Hormonausschüttung und die Pulsation aller Gefäße werden von dieser Imagination gesteuert – der Körper reagiert dabei auf imaginierte Bilder genauso, als ob er auf reale Ereignisse reagieren müsste.

Um dies zu verdeutlichen, empfehle ich Ihnen folgendes Experiment:

Stellen Sie sich vor, Sie beißen in eine Zitrone oder eine Orange. Vielleicht haben Sie Lust, sich den Duft vorzustellen und dann den Geschmack. Was passiert mit Ihrem Körper? In Ihrem Mund vermehrt sich die Speichelproduktion und die Zunge zieht sich zusammen. Und das, obwohl wahrscheinlich keine Zitrone in Ihrer Nähe war.

Sie können das nutzen, indem Sie sich unter diesen

Bedingungen schöne Dinge oder Erlebnisse vorstellen, die Ihnen viel Freude gemacht haben. Das Gehirn verschaltet dabei die Nervenbahnen, die in jener Situation benutzt wurden. Wenn es eine Situation war, in der Sie über Ihre Ressourcen voll verfügten, kann in diesem Moment über diesen Umweg der Zugang zu den Ressourcen wieder ermöglicht werden.

Sorgen Sie für Entspannung und achten Sie auf die Signale Ihres Körpers

Nehmen Sie sich die Zeit, das zu tun, wonach Ihr Körper verlangt. Was würde Ihnen guttun – Ruhe oder Bewegung? Gönnen Sie sich Ruhe, wenn Ihr Körper sie fordert. Doch achten Sie darauf, dass Sie Ruhe nicht mit Erstarrung verwechseln. Wenn Sie Lust auf Bewegung haben, unternehmen Sie etwas; bringen Sie Ihre Kraft zum Ausdruck.

Wenn in dieser Phase die Gedanken immer wieder um eine oder mehrere Arbeits- oder sonstige Belastungssituationen kreisen, sollten Sie versuchen, diese Situationen aufzuschreiben. Wenn sich der Zustand trotzdem nicht ändert, sollten Sie so schnell wie möglich einen professionellen Coach aufsuchen, denn genauso wie positive Gedanken entsprechende Bilder mit biochemischer Wirkung erzeugen, erzeugen auch negative Gedanken biochemische Konsequenzen. Dies sollten Sie unbedingt vermeiden.

Wenn sich die Situation auch im Coaching derart darstellt, dass negative Erwartungen das Denken dominieren, bedarf es einer Umfokussierung der Erwartungen und damit der Gedanken. Dazu sind die Techniken der lösungsorientierten Gesprächsführung hilfreich, die nach einer entsprechenden Problemwürdigung Gedanken und Erwartungen umlenken. So kann dabei geholfen werden, aus einem negativen Kreislauf herauszukommen und eine Verharrung oder gar eine Verschlechterung seiner Situation zu vermeiden.

Ein weiteres Augenmerk sollte auf die gesamte Stressanfälligkeit gelegt werden. Wenn jemand Schmerzen hat, lässt sich genau an dem jeweils ab- oder zunehmenden Schmerz ablesen, inwieweit eine Situation Stress auslöst oder nicht. So kann der Schmerz als Indikator des Stresspegels genutzt werden.

Aus diesen komplexen Vorgängen müssen die richtigen Schlussfolgerungen gezogen werden. So war ich selbst nach insgesamt drei Wochen Schonung (komplett ohne Handy, Laptop und Agenda) nahezu schmerzfrei. Als bekannt wurde, dass ich per E-Mail wieder erreichbar war, kamen die Schmerzen schon nach vier Terminanfragen per E-Mail und ein paar wenigen Telefonaten wieder – und leider auch wieder massiv ansteigend.

So musste ich mein Pensum erneut zurückfahren und die Belastungsdosis sehr langsam steigern. Und meine Schmerzen wusste ich als Signal der Überforderung zu nutzen lernen. Aufkommende Schmerzen sind für mich meine Warnung, dass ich eine Grenze überschreite und für Entlastung, Entspannung und Gelassenheit zu sorgen habe. Meine Niere ist unbestechlich – sie reagiert sofort und erlaubt keinen Selbstbetrug. So gesehen sind meine Schmerzen zur Ressource für mich geworden.

Schützen Sie sich also davor, dass Belastung und Anforderungen zu der Form von Stress werden, die keine Entspannung, die im Verhältnis zur vorausgegangenen belastungsbedingten Anspannung steht, mehr zulässt. Entspannung wird dringend als Ausgleich zur Anspannung benötigt.

III Professionelle Hilfe

Ist der Knock-out-Fall eingetreten, dann ist klar: Sie benötigen professionelle Hilfe. Aber auch bei einer der beschriebenen Vorstufen könnte ein Betroffener Umwege vermeiden wollen oder schlichtweg keine Zeit für Experimente haben. Im Hinblick auf zeitnahe Ergebnisse kann dann zum Beispiel ein professionelles Coaching anvisiert werden. In dem Fall sollte möglichst ein Coach gefunden werden, der sich gut auskennt und in der Lage ist, der jeweiligen Person ein individuelles Trainingsprogramm »auf den Leib zu schneidern«, ohne sie entmündigen zu wollen, sondern ihre volle Eigenverantwortung zu fördern.

Wer einen gewissen kritischen Zustand überschritten hat, kommt wie gesagt nicht um externe Hilfe herum. Je schneller der Betroffene wieder in seinen neurobiologischen Normalzustand zurückfindet, desto geringer sind die Folgeschäden an sich selber, in seiner Umwelt, am Arbeitsplatz – und insbesondere: desto geringer ist das Leiden, welches er aushalten und verkraften muss. Da grundsätzlich der neurobiologische Ausnahmezustand – wenn erkannt und ernst genommen – innerhalb kurzer Zeit wiederhergestellt werden kann, gibt es keinen wirklichen

Grund, eine Leidenszeit länger als fünf Tage auf hohem Niveau zu ertragen.

Ich spreche auch hier aus eigener Erfahrung: Mit den Symptomen ist nicht zu spaßen. Es geht im wahrsten Sinne des Wortes ums eigene Leben. Der Satz meiner Ärztin: »Wenn du so weitermachst, dann rechne mit noch höchstens fünf Jahren Lebenszeit«, ist mir eingefahren – und wenn ich ehrlich bin, hat sie das ausgedrückt, was ich selbst spürte und nicht wahrhaben wollte. Ich, Horst Kraemer, Meister im Verleugnen – eine bittere Erkenntnis!

Hilfe verspricht ein »normales« gutes Coaching, wenn der Burn-out-Zustand noch nicht eingetreten ist. Ist dies aber der Fall, dann ist andere Hilfe notwendig. Psychotherapien unterschiedlicher Ausrichtung halten ein sehr reiches Angebot bereit. Psychiater haben den Vorteil, dass sie die Behandlung auch pharmakologisch unterstützen können (was in einigen Fällen berechtigt und notwendig ist). In schweren Fällen bietet ein Klinikaufenthalt in einer psychiatrischen oder psychosomatischen Klinik den notwendigen Abstand zum Alltag wie auch die nötige Behandlungsdichte, die erforderlich ist, um aus der Stressfalle herauszukommen. Wichtig bei den guten und ausgereiften Angeboten ist es, dass ein gutes Vertrauensverhältnis zu den entsprechenden Personen aufgebaut werden kann. Vertrauen Sie Ihrem Gefühl, welche Hilfe für Sie gut ist oder aber auch nicht, und beginnen Sie, auf sich zu hören und für sich zu sorgen.

Wie professionelle Hilfe nach meinem Konzept aussehen kann, soll im Folgenden dargestellt werden. Ich hoffe, sowohl für die betroffenen Personen als auch für die in diesem Bereich professionell Tätigen Neues beisteuern zu können.

Sie tragen es mir hoffentlich nicht nach, dass ich die Vorgehensweise wieder am eigenen Beispiel festmache:

Ich nahm die Reaktion meiner Niere als ein Signal wahr, das ich nicht länger ignorieren konnte. Ich nahm eine Umverteilung der Prioritäten vor. Vor einem Jahr war ein Gesundheits-Check-up noch eine begleitende Maßnahme gewesen – zumindest die Auswirkungen einer dauerhaften Stressbelastung auf den Körper hatte ich schon als bedeutsam eingeschätzt. Aber jetzt hatte sich etwas geändert. Jetzt war die körperliche Gesundheitsvorsorge keine begleitende Maßnahme mehr, sondern zu einer notwendigen Bedingung geworden.

Was sagt mir meine Niere? Ein Organ ist geschädigt und zeigt klar, dass das Stresshormon Adrenalin die Durchblutung von Blutgefäßen in der Niere unterbrochen hat. Dies geschieht nicht zufällig, sondern ist die Folge einer dauerhaften Überproduktion von Adrenalin. Dazu kommt eine zu geringe oder fehlende Entspannungs- und Regenerationszeit. Beide Faktoren zusammen wurden über Jahre vom Körper kompensiert. Das verlangte nun seinen Tribut. Was mich besonders erschreckte (und was ich bisher nicht wahrgenommen hatte und wahrscheinlich auch nicht wahrhaben wollte): Der gleiche Vorgang geschieht auch im Gehirn. Die Aufmerksamkeit des von mir registrierten Interesses lag bei meinen Vorsorgeuntersuchungen, wie bei den meisten medizinischen Vorsorgeprogrammen fokussiert auf eine Herzinfarktgefahr. Und nun, durch meine eigene Erfahrung sensibilisiert, erfuhr ich von meiner Tochter, die als Logopädin arbeitet, dass ihre Praxis voll sei von Schlaganfallpatienten zwischen 45 und 50 Jahren. Die meisten von ihnen haben keine Chance mehr auf eine Rückkehr in ihr vorheriges, selbstbestimmtes Leben, mit umfassender Lebensqualität und dem gewohnten Leistungsvermögen.

Ich hatte diese Stressauswirkung nicht als reale Gefahr registriert und war wie viele in meinem Umfeld überrascht. Wohl ist die Herzinfarkt-Diskussion in unserem Bewusstsein präsent, aber Schlaganfall? Und die Gefahr eines Niereninfarktes?

Noch vor Kurzem war dies in meiner Wahrnehmung nur ein Risiko für alte Menschen, ein Alter, von dem ich noch sehr weit weg zu sein glaubte. Nie hätte ich einen Gedanken darauf verschwendet, dies mit Stress und einer akuten Burn-out-Konsequenz in Zusammenhang zu bringen.

Analyse des Ist-Standes

Der Körperstatus, von mir selbst noch vor kurzer Zeit vernachlässigt, ist für mich zu einem höchst bedeutsamen Faktor geworden. Diesen Zustand zu ermitteln, ist eine wichtige Voraussetzung für das weitere Vorgehen. Es gibt verschiedene gute Gesundheits-Checks, mit denen man in kurzer Zeit die Gesamtsituation inklusive Körperzustand und das Zusammenspiel der Stressoren mit der Belastung feststellen kann.

So empfehlen wir immer eine umfangreiche Analyse, wobei Sie gerne den Arzt Ihres Vertrauens konsultieren können. In dem von mir initiierten Coachingverfahren teilt sich die Analyse in eine ärztlich durchgeführte Körperuntersuchung und einen mentalen Check-up.

Körper-Check-up

Bei der Körperuntersuchung wird ein kompletter Körperstatus erhoben. Belastungs-EKG, Ultraschalluntersuchungen, Blut- und Urinproben werden umfangreich ausgewertet. Körpergewicht und Ernährungsgewohnheiten werden mit den Laborwerten verglichen. Wichtig ist dabei, dass die Folgen und Spuren, die eine Belastungszeit hinterlassen haben, mit in ein Konzept einbezogen und auch behandelt werden. Ausgleichende Bewegungen, Sport und andere Entspannungsgewohnheiten werden mit den stofflichen Entspannungsgewohnheiten wie Alkohol-, Nikotin-, Drogen- und Medikamentenkonsum verglichen.

Mentaler Check-up

Hier werden in einem ersten Standortgespräch die Burn-out- und stressrelevanten Themen angesprochen und erfragt. Für die Bereiche Schlafsituation, Konzentrationsfähigkeit, Leistungsbereitschaft und Leistungsmöglichkeit wird erst eine Selbsteinschätzung vorgenommen. Danach werden auch die Lebensbereiche Beziehung, Arbeit und persönliche Ziele in Bezug auf die Differenz zwischen Bewältigungsanspruch und Bewältigungsmöglichkeit hin erfragt und eingeschätzt. Anschließend findet ein Testsystem heraus, wie die hormonelle Stresssituation sich aktuell auf die verschiedenen, bewältigungsrelevanten Kompetenzen bei der betreffenden Person auswirkt. Dabei wird erfasst,

1. ob die NeuroStressFragmentierung vorhanden ist, in welchem Grad und wie sie sich auswirkt;
2. wie die Wahrnehmungsfähigkeit durch Stress belastet oder eingeschränkt ist;

3. ob die Konzentrationsfähigkeit in der Lage ist, brauchbare Ergebnisse hinsichtlich des Leistungsvermögens zu erzielen;
4. in welchem Maß die Kommunikationsfähigkeit stressreduziert ist.

Die beiden Check-up-Ergebnisse bilden zusammen die Grundlage für ein passendes, maßgeschneidertes Programm.

Zu diesem Zweck wird in unserem ersten Coachinggespräch das Ergebnis auf den Tisch gelegt und besprochen. Dies bildet die Grundlage für den Coachee, seine Ziele zu formulieren. Diese werden den einzelnen Lebensbereichen zugeordnet. Es kann auch sein, dass eine ärztliche Behandlung, ein Personaltraining und eine Ernährungsberatung das Coaching begleiten. So war es jedenfalls bei mir, musste ich doch wirklich in allen Bereichen einen Veränderungsprozess initiieren.

Coaching als Intervention

Welche Bedeutung kommt in diesem Programm dem Coaching zu?

Ich bin davon überzeugt, dass hier der Schlüssel zum lang anhaltenden Erfolg liegt, zumal die nötigen Veränderungen Einsicht verlangen. Nicht nur zu Beginn, sondern während des ganzen Weges ist ein verlässlicher Spiegel vonnöten. Wird dabei der Stressfragmentierung nicht gezielt begegnet, können rein willensgesteuerte Vorgehensweisen nicht wirklich helfen. So ist also im Coaching die Auseinandersetzung mit dem Thema »NeuroStressFragmentierung« erforderlich, um in der Folge die Selbststeuerung und Selbstbestimmung wiederherstellen zu können. Dies erfolgt noch vor der Notwendigkeit, eine Entspannungsmethode zu erlernen und gezielt einzusetzen. Im Weiteren gilt es, die Lebensbedingungen herauszufinden, die die persönliche Integration der Lebensthemen und der Lebensgestaltung ermöglichen.

Um ein Coaching erfolgreich zu beginnen, ist es nötig, eine gezielte Pause einzulegen. Unserer Erfahrung nach sollte diese Pause drei Tage nicht unterschreiten. Drei Tage sind eine sehr gute Basis für eine Unterbrechung des Alltags – vorausgesetzt, dass auch räumliche Distanz geschaffen und die Dauerkommunikation durch Handy und Internet unterbrochen werden. Wir haben dazu ein spezielles Coaching-Hotel eingerichtet, das optimale Bedingungen für eine Kurzzeitintervention bietet. Es bietet Ruhe, ist eingebettet in viel Natur, fernab vom Alltag und zudem noch idyllisch am See und Wald gelegen – ein Rückzugsort für gestresste Menschen. Die Stimmen jener, die dort bereits waren, sind äußerst motivierend. Und wenn dann noch ein Coach den ganzen Tag Zeit hat, ein individuelles Programm ganz nach den persönlichen Bedürfnissen zu kreieren, sind die besten Voraussetzungen für eine erfolgreiche Intervention gegeben.

Was sind schon drei Tage, werden einige fragen. Ein Zeitfenster, in dem sicher nicht das ganze Leben auf den Kopf gestellt wird, um sich über die eigene Situation klar zu werden und seine persönliche Work-Business-Integration zu überprüfen. Drei Tage scheinen den einen viel, den anderen wenig zu sein. Aber selbst bei akutem Burn-out ist dies ein lohnender Anfang: Nicht wenige haben es geschafft, nach drei Tagen mit einem klaren Kopf und einer unterbrochenen Burn-out-Spirale nach Hause zu fahren. Mit dem wiedergewonnenen klaren Kopf ist die wiedergefundene Konzentrationsfähigkeit verbunden, der verbesserte Schlaf – die beste Voraussetzung, sich seinem Leben und den Lebensthemen zu stellen. Denn wie schon gesagt:

Wer eine Veränderung mit klarem Kopf und aus eigener bewusster Entscheidung angeht, hat die Weichen so gestellt, dass es eine nachhaltige und anhaltende Optimierung ohne Rückfall gibt.

Fünf Faktoren zur Balance

Zu Beginn steht immer eine Standortbestimmung – es erfolgt eine Bewertung von fünf wichtigen Balancefaktoren: Faktoren, die die Balance zwischen Anspannung und Entspannung, zwischen Anstrengung und Belohnung, zwischen Zielsetzung und Zielerreichung, zwischen Lebenssinnerwartung und Sinnstiftungsempfinden herstellen. Diese Auseinandersetzung ist nötig, um eine echte Nachhaltigkeit zu erreichen und die Interventionsmaßnahmen den wirklichen Bedürfnissen anzupassen.

Folgende Bereiche stehen bei der Aufrechterhaltung der Balance im Mittelpunkt: Körper, Arbeit, Beziehung, Freizeit und Muße. Wie stark jeder einzelne Bereich gewertet werden muss, hängt von der individuellen Persönlichkeit genauso wie von der Lebensphase ab.

Was ist die Basis, auf der die fünf Bereiche aufgebaut sind? Die persönliche Frage nach dem Sinn des Lebens. Jeder Mensch trägt in sich, was sein persönlicher Sinn des Lebens ist. Die Suche nach Sinnhaftigkeit ist sehr tief verankert und auf die familiäre Prägung zurückzuführen. Diese Sinnesprägung drückt sich in der persönlichen Haltung aus. Sie gibt tief verwurzelt darüber Auskunft, wann sich ein Mensch auf dem richtigen, für ihn guten Weg befindet, was richtig und falsch für ihn ist, was verboten, was erlaubt ist. Je größer die Differenz zwischen der Sinneshaltung und der real erlebten Sinnhaftigkeit des Lebens, umso größer ist eine tiefe Unzufriedenheit, die nur allzu oft nicht bewusst erlebt wird, sondern eher im Verborgenen gärt. Darum kann ein Coaching, egal ob Selbstcoaching oder mit einem Coach oder Therapeuten durchgeführt, sich nicht an dieser Frage vorbeimogeln. Also was ist der Sinn meines Lebens? Gerade in der zweiten Lebenshälfte, wenn die Zeit nicht mehr unbegrenzt zur Verfügung steht, nagt diese Frage immer stärker und ist ein wichtiger Grund für Burn-out.

Jeder Mensch sollte sich immer wieder einmal selbst fragen: Inwieweit führen

- meine Arbeit,
- die Beziehung/Partnerschaft, die ich lebe,
- die Menschen, mit denen ich mich umgebe,
- die Dinge, die ich sonst tue und erledige,

zu meinem Lebensziel, sodass ich am Ende meines Lebens sagen kann: »Ich habe sinnvoll gelebt«, »Ich bin stolz auf mein Leben«, »Ich hinterlasse etwas, worauf ich stolz bin«?

Egal ob ich mir diese Fragen bisher je bewusst gestellt habe: Tief im Inneren nagen sie vor allem dann, wenn eine Diskrepanz zwischen meinen inneren Werten und meiner äußeren Lebensführung besteht.

Belastungen aller Art sind deutlich besser zu ertragen, wenn eine Sinnerfüllung möglich ist. Ist dies nicht mehr im angemessenen Verhältnis möglich, haben wir einen gravierenden Burn-out-Faktor gefunden. Also lautet die alles entscheidende Frage: Inwieweit führen die wesentlichen Bereiche zu einem sinnerfüllten Leben?

Wenn das Gleichgewicht gestört ist

Ein Burn-out wirkt sich auf den ganzen Menschen und alle seine Lebensbereiche aus. Darum ist es wichtig, nicht isoliert nur die am deutlichsten auftretenden Symptome im Blick zu haben, sondern alle Auswirkungen zu berücksichtigen. Der Körper ist unersetzbar, setzt aber allzu oft nur die äußere Grenze. Eine ausgewogene Work-Life-Balance ermöglicht ein gleichberechtigtes Nebeneinander der fünf wichtigen Bereiche:

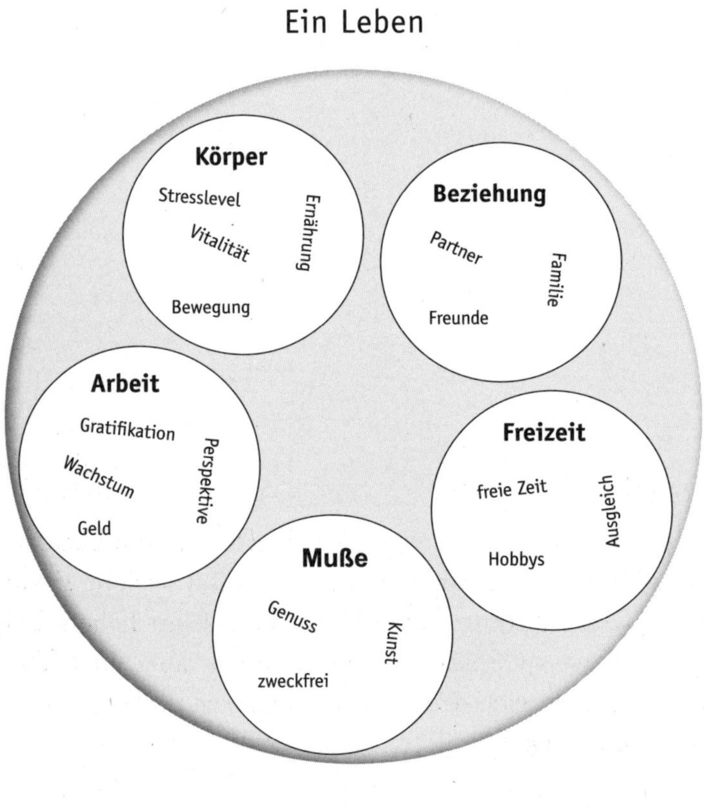

Wird dagegen der Bereich Arbeit einseitig fokussiert, besteht sehr hohe Burn-out-Gefährdung:

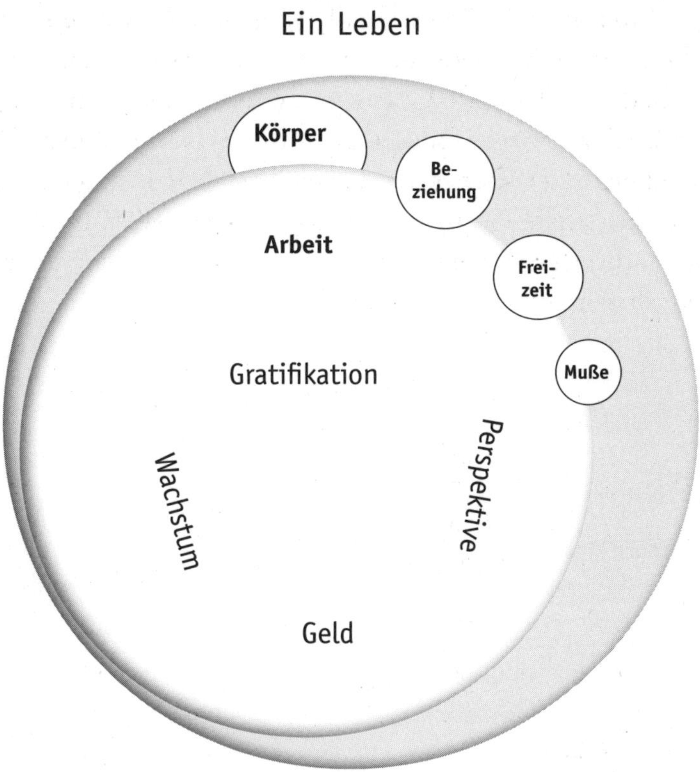

Lebensgeschichtlicher Kontext des Burn-out-Zustandes

Hier ist es wichtig, dass der Coach mit dem Coachee gemeinsam den Zusammenhang erarbeitet, welche Faktoren zu dem bestimmenden Verhalten geführt haben. Folgende Fragen können dem Betroffenen, aber auch dem Coach helfen, sich dem Thema zu nähern und eine Übersicht zu erlangen.

- In welchen Lebensbedingungen führt welches Verhalten zu ausgleichender Balance oder zu einer Balancestörung?
- Wie sind die Arbeitsplatzbedingungen, stimmt der Lohn mit dem Einsatz oder Ergebnisempfinden überein?
- Führt die Arbeit zu einer ausreichenden Befriedigung und zu einem Ziel- oder Wertekonflikt?
- Lenkt die Arbeit von familiären Problemen ab?
- Sind Arbeit und Leistung ein Ersatz von Selbsterfüllung in der Partnerschaft?
- Ist die Arbeitsüberforderung die Folge von Verarbeitungsproblemen traumatischer Ereignisse, zum Beispiel von Verkehrsunfällen oder Gewaltverbrechen?
- Welche Veränderungen standen in den letzten drei Jahren an? Welche Veränderungen wurden zuvor verarbeitet?
- Wie hoch ist der Anteil von »Muss« und nicht freiwilligen Handlungen?
- Widerspricht die Arbeit der eigenen Wert- und Sinnhaltung?
- Wird die Arbeit zu wenig oder gar nicht entlohnt?
- Gibt es Probleme im Familien- beziehungsweise Beziehungsumfeld?

Klären Sie diese Fragen im Laufe Ihres Prozesses. Aus meiner Sicht ist es dringend erforderlich, den Zusammenhang zwischen Einzelereignissen, die schwer zu verarbeiten waren, und dem Burn-out-Zustand, also dem Knockout, herzustellen. Leider kommt es sehr häufig vor, dass ein nicht beachteter, als Bagatelle wahrgenommener Skiunfall, Verkehrsunfall oder auch nur eine heftige Reaktion im Flugzeug einem Burn-out vorausgegangen ist. Wenn diese Ursache unerkannt im Hintergrund bleibt, suchen wir oft zu weit im Leben eines Menschen, um den Schlüssel zu finden. Und diese Suche verleitet dann zu manchem Fehlschluss.

In allen mir bekannten Fallgeschichten waren Ereignisse wie Verkehrsunfälle, belastende medizinische Maßnahmen oder Freizeitunfälle vorangegangen, ohne dass diese Ereignisse eine erkennbare Einschränkung hervorgerufen hatten. Mir scheint dieser Zusammenhang sehr wichtig zu sein.

Und was war bei mir, Horst Kraemer, das vorangegangene Ereignis? Bei dieser Frage, die ich mir immer wieder selbst gestellt habe, kommen mir zwei Situationen in den Sinn: In der ersten befand ich mich vor nun mehr als drei Jahren in den Bergen, rutschte auf einem glatten Stein aus und fiel der Länge nach hin. Außer einer zerrissenen Hose, einem blutigen Knie und blutigen Händen war eigentlich nichts passiert. Und als Zweites fällt mir ein, dass ich eine Überdosis an Traumata durch meine tägliche Arbeit als Traumasupervisor und Ausbilder in mir trage. Da die vielen Geschichten, an denen ich in den unterschiedlichsten Rollen teilhabe, in der Regel die Folge von schweren Ereignissen sind, bin ich wohl selbst der Ansteckung durch Trauma (siehe Kraemer 2003) zu nahe gekommen. Neben der Tatsache, dass ich die Notwendigkeit zur Entspannung generell verdrängt hatte, habe ich völlig unterschätzt, auch im Inhalt meiner Arbeit eine Ursache für meine Probleme zu sehen. Dadurch wurde der Anspannungspegel immer höher und höher, entsprechend zur Arbeitsintensität.

Die Kraft des Veränderungswillens und die inneren Antreiber

Wenn die gleichen Kräfte, die zum hohen Arbeitseinsatz mit dem Ergebnis Burn-out geführt haben, genutzt werden können, um aus dem Burn-out herauszukommen und das Leben neu zu justieren, gibt das einen enormen Schub in die richtige Richtung – und blitzartig hat eine erfolgsgewohnte Person ihr Leben wieder im Griff. Es braucht dazu jedoch ein Instrument, ein Werkzeug, welches dazu anwendbar und nutzbar ist. Ein Instrument, mit dem eine echte Wirkung deutlich wahrgenommen werden kann.

Ein solches Instrument ist die Neuroimagination, die im Coachingprozess an mehreren Stellen zum Einsatz kommt. Wenn eine erfolgsgewohnte Person merkt, dass damit ein starker Effekt zu erzielen ist, investiert diese erfahrungsgemäß auch Kraft und Energie in das Training und die Anwendung. Der Betroffene kann damit seine Selbststeuerung wiederherstellen und die Konzentrationsleistung auf das gewohnte Maß steigern.

Grundsätzlich ist jedoch wichtig, wie stark sich die persönlichen Beweggründe eines Menschen als Motivatoren auswirken, um nach einem gelungenen Burn-out-Coaching einen Rückfall in alte, schädigende Verhaltensmuster zu verhindern. Inwieweit ist genügend Kraft vorhanden, nachhaltig und längerfristig eine erneute Dauerüberforderung zu vermeiden?

Es ist nötig, auch unbewusste Motivatoren, also die unbewussten Antreiber eines dauerhaft selbstschädigenden Verhaltens, zu kennen. Dies ist Voraussetzung dafür, dass ein Verhalten nachhaltig, kontrolliert und bewusst geändert werden kann.

Mein unbewusster innerer Antreiber

Ich will das wieder am eigenen Beispiel verdeutlichen. Ich bin in einer Familie mit vier Kindern aufgewachsen. Schulische Leistung war sehr wichtig und als Zweitgeborener hatte ich vor und nach mir Geschwister, die den Anforderungen meiner Eltern diesbezüglich sehr entsprachen. Ich wurde recht früh eingeschult und hatte Mühe, diesen Anforderungen gerecht zu werden. So galt ich als Schulversager, aus dem eh nichts werden würde. Während meine Geschwister alle scheinbar spielend auf direktem Wege Abitur machten, schaffte ich gerade die mittlere Reife und bin danach mühsam auf dem zweiten Bildungsweg meinen Weg gegangen. Der Satz »Das schaffst du sowieso nicht …« meines Vaters, etwa beim Berufswunsch Hubschrauberpilot mit 14 Jahren, und der Satz »Aus dir wird sowieso nichts …« meiner Mutter als ständige Reaktion auf meine schulischen Leistungen haben mich tief geprägt. Nebenbei bemerkt: Meine Familie kommentierte mein erstes Buch mit: »Das hätten wir dir nie zugetraut.«

Welche unbewusste Motivation leitet sich hieraus ab? Ab meinem achten Lebensjahr hat sich in mir eine Haltung gebildet, die auch heute noch dominant ist. Sie lautet: »Euch zeig ich's!«

Damit diese in mir wirkende Motivation »Euch zeig ich's!« zum Segen und nicht zum Fluch wird, ist es nötig, den inneren Antreibern Grenzen setzen zu können. Sonst erwächst daraus eine Selbstanforderung, die so hoch wird, dass dann doch ein Versagen, also die Bestätigung der negativen Prophezeiung, daraus erwächst. Bei mir trug diese unbewusste Motivation dazu bei, dass ich mich auf so manche unmöglich erscheinende Aufgabe und Herausforderung einließ. Das war im Prinzip auch gut so, sonst gäbe es heute die Methode der Neuroimagination mit all ihren Chancen nicht. Aber im Detail der Aufgaben gelang es mir immer schlechter, den inneren Antreibern Einhalt zu gebieten. Warum? Tief innen kam eine Stimme, die mir sagte: »Es reicht nicht, streng dich mehr an!« Und dies unabhängig vom tatsächlichen Erfolg, egal wie groß dieser auch sein mochte. Und bei einer Geschäftsgründung gibt es immer Situationen, dass es nicht reicht, dass man immer noch etwas mehr machen sollte und auch tun muss. Das ist dann eine wunderbare Legitimation, der inneren destruktiven Stimme, die »mehr« fordert, mit noch mehr Einsatz und Leistung zu folgen. Und ich gestehe: Ich bin in diesem Kreislauf mir selbst gegenüber immer grenzenloser geworden und beutete mich so immer weiter aus! (Vielleicht sehen Sie hier ja auch für sich oder Ihre Klienten Parallelen ...)

Daraus resultiert ganz sicher eine wichtige Aufgabe für Coachs: Die unbewusste Motivation muss erkannt, also bewusst gemacht werden. Dann kann die gleiche Kraft, die unkontrolliert zum unerwünschten Zustand geführt hat, genutzt werden, um durch Verhaltensänderung aus der Burn-out-Falle herauszufinden. Dabei ist es aber dringend nötig, schmerzhafte Erfahrungen zu würdigen und ihre Bedeutung so umzudeuten, dass diese alten, längst abgeschlossenen Schmerzerinnerungen keine prägende Kraft mehr entwickeln. Dazu sollten die entsprechenden Coaching-Methoden eingesetzt werden, wie sie zum Beispiel Gunther Schmidt in seinem Buch *Liebesaffären zwischen Problem und Lösung* beschrieben hat.

III Das Leben nach dem Burn-out

Heranführen an Belastungen

Je länger sich jemand im Burn-out-Ausnahmezustand befindet, desto schwieriger ist es, zur alten Verfassung zurückzufinden. Wenn jemand seine Stressfragmentierung aufgelöst hat, ist die gewohnte Kraft jedoch relativ schnell wieder vorhanden, abgesehen von körperlichen Schädigungen, die möglicherweise eine längere Genesung benötigen. Ein betroffener Mensch kann unter normalen Bedingungen spätestens nach drei Monaten wieder auf seine volle Leistungsfähigkeit zurückgreifen.

Nach fünf Wochen schlug ich persönlich nach meiner Entstressung erstmals wieder meine Agenda auf und versuchte, Terminwünschen meiner Mitarbeiter nachzukommen. Ich war sehr erstaunt, wie ich nach dem Eintragen von zwei Terminen, eigentlich inhaltliche Routine, wieder starkes Stechen in meiner Bauchgegend wahrnahm. Nach einem kurzen Test war klar: Ich kann und darf nicht so weitermachen wie vor meinem Burn-out.

Ich, Horst Kraemer, brauchte Zeit und musste mich schonen. Abgesehen davon, dass ich mein körperliches Abnehm- und Fitnessprogramm längerfristig angelegt hatte (ich ging von zwei Jahren aus), musste ich mit einer begrenzten Einsatzfähigkeit rechnen. Nach drei Monaten arbeitete ich wieder normal, sorgte aber dafür, dass ich ein bis zwei Tage pro Woche echte Pause hatte. Und erst ein halbes Jahr später war ich wieder da, wo ich mich leistungsmäßig gern sehe: voll im Saft und auch nach 14 Stunden Arbeit noch richtig fit.

Wenn jemand ein oder mehr Jahre nicht mehr wirklich in einem leistungsorientierten Arbeitsprozess war (ich unterscheide gerne zwischen leistungs- und wirkungsorientierter Arbeit sowie arbeitsorientierter Arbeit), dann ist es zwingend nötig, dass die Person nicht versucht, von null auf hundert zu kommen. Das geht nicht. Es ist dringend notwendig, sich nach mehreren Monaten Entfernung aus dem Arbeitsprozess eine gewisse Zeit des Heranführens an Belastungen einzuräumen.

Zutrauen zurückgewinnen

Wenn jemand über eine längere Zeit nicht über seinen gewohnten Zugriff zur persönlichen inneren Kraft verfügt hat, ist es außerdem wichtig, dass diese Person das Zutrauen in die eigene Kraft und Belastungsfähigkeit wiedererlangt. Dies erfordert neben dem verstandesmäßigen Erfassen der Ursachen eine sich ständig wiederholende Erfahrung, dass Belastungen nicht wieder zur Krise führen. Nur diese Erfahrungen können einen Gegenpol zur Zerrüttung des Selbstvertrauens bilden. Dabei ist es gerade für erfolgsgewohnte Menschen gar nicht so einfach, die notwendige Geduld sich selbst gegenüber aufzubringen.

Es kann notwendig sein, dass als Erstes das komplette Menschenbild verändert werden muss. Gerade wenn Burn-out innerlich mit Versagen gleichgesetzt wurde, ist es nötig, dass hierüber eine innere Auseinandersetzung und ein etwas weniger anspruchsvoller Umgang mit sich selbst geführt werden.

Grenzen erkennen und setzen

Grenzen setzen ist ein wichtiges Thema. Denn bei Burn-out ist der Knock-out eine massive Grenze, die der Mensch gesetzt bekommt – meist als Konsequenz dafür, dass er selbst seine Grenzen nicht gesetzt hat. Gerade grenzenlos erfolgreiche Menschen gehen sehr gerne über ihre eigenen Grenzen. Wenn sie ihre Grenzen kennen, achten und respektieren würden, hätten sie kein Burn-out erlebt.

Der Grenzen sprengende Umgang mit Leistung ist einerseits ein Erfolgsfaktor, andererseits sich selbst gegenüber die Grundlage der bedingungslosen Selbstausbeutung.

Was geschieht mit einem ausgebeuteten Land? Es verdorrt. Genau dies tun wir uns bei einem Burn-out selber an. (Leider muss ich mich auch dazu zählen.)

Um die eigenen Grenzen zu kennen, ist es dringend nötig, die kleinen Signale zu erkennen, die einem die Grenzen aufzeigen – nicht erst dann, wenn meine Niere mir große Schmerzen bereitet, sondern schon, wenn ich durch ein leichtes Ziehen mitbekomme, dass es zu viel ist. Bis ich so weit in meiner Kraft und Selbsterkenntnis bin, brauche ich Disziplin. Diese Disziplin hilft mir bei einer guten Planung meines Alltags, indem ich dafür sorge, dass es zu keinem Überforderungszustand kommt. Dazu gehört auch eine gezielte Planung von Zeiten, die eine Entspannung ermöglichen. Bis der Körper sich auf eine Entspannung einstellen kann, sollte mit einem täglichen Training mit Neuroimagination für tägliche Tiefenentspannung gesorgt werden.

Wenn die Signale bemerkt werden, kann der Betroffene mit Neuroimagination für einen klaren Kopf und Stressfreiheit sorgen und die Entscheidung treffen, wie eine Aufgabe abgewickelt werden kann. Denn auch hier gibt es mehrere Wahlmöglichkeiten: Aufgabe angehen, Pause dazwischenschalten oder Aufgabe ganz ad acta legen.

III Work-Life-Integration: Ein Leben in Balance

Der Sinn des Lebens

»Viele Menschen planen eine Urlaubsreise besser und intensiver als ihr ganzes Leben.« Dieser Satz des Zeitplaners Nummer eins, Lothar Seiwert, sollte zu denken geben. Wie haben Sie Ihr Leben geplant?

Spätestens jetzt sollten wir uns über den Sinn des Lebens unterhalten. Ein wichtiger Burn-out-Faktor ist der Sinn – welcher hinter dem Tun steht. Wenn jemand fortgesetzt Tätigkeiten ausübt, die er als sinnlos empfindet, ist dies ein hoher Burn-out-Faktor. Warum? Arbeit ist nun einmal bei den meisten Menschen die größte, lang anhaltende Beschäftigung in ihrem Leben. Sinnlose Tätigkeiten erzeugen eine hohe Frustration. Diese Frustration liefert eine eigene biochemische Grundstruktur, die unser ganzes Erleben prägt. Alles, was wir wahrnehmen – die Wahrnehmung unseres ganzen Lebens –, baut biochemisch auf dieser Sinnfrage auf.

Sinn ist für mich die Summe dessen, was wir aufgrund

unserer inneren Werte tun. Sinnvoll ist es, wenn wir durch unser Tun etwas bewirken, was einen Wert schafft, der unserem individuellen Wertesystem entspringt. Sinnvoll ist es dabei, wenn wir den beiden wichtigsten menschlichen Bedürfnissen in unserer sozialen Umgebung gerecht werden. Bei diesen Bedürfnissen handelt es sich um *Entfaltung* (Wachstum) und *Beziehungssicherheit*. Mit Entfaltung ist die Entwicklungsmöglichkeit gemeint – und die moderne Motivationsforschung bestätigt, dass der wichtigste Motivator nicht etwa Geld ist, sondern die Möglichkeit der Perspektive und Entwicklung. Da diese Motivation in einem sicheren Beziehungsumfeld am besten gedeiht, sind wir hier an den beiden Hauptadern unseres Lebens angelangt.

- Innerer Faktor: eine Tätigkeit, die den persönlichen Werten entspricht
- Äußerer Faktor: berufliche und private Zukunfts- und Entwicklungsmöglichkeit, die den persönlichen Werten entspricht

Balance als Basis für ein geglücktes Leben

Spätestens wenn man dem Tod das erste Mal ins Antlitz gesehen hat, wird die Frage bedeutsam: Was ist das wirklich Wichtige in meinem Leben?

Diese Frage wird nach der Sinnfrage ziemlich brennend: Was sind meine Lebensprioritäten? Ist es, wenn man am Ende des Lebens angekommen ist, wirklich wichtig gewesen, sich so lange im Büro aufgehalten zu haben? Ist es wirklich wichtig gewesen, dem Geld eine so hohe

Priorität einzuräumen? Und wenn die Kinder groß, erwachsen und ausgezogen sind, habe ich von ihrem Heranwachsen auch nichts mehr – das ist vorbei.

Balance der Lebensbereiche

Es ist nötig, eine Balance zwischen den Lebensbereichen herzustellen, die das wirklich Wichtige und Sinnvolle beinhaltet. Wann ist diese Balance hergestellt? Wenn jeder einzelne Bereich zur gesamten Entfaltung und zum persönlichen Wachstum beiträgt, ohne dass dies auf Kosten eines Bereiches geht. Dazu gehört, dass eine Lebenspartnerschaft nicht dauerhaft unter der Arbeitsbelastung und die Arbeit nicht unter den privaten Problemen leiden darf. Dies gilt für alle Bereiche, auch für die körperlichen Bedürfnisse: Der Körper darf sich gesund fühlen, da er die richtige, für ihn ausgewogene, gesunde Nahrung und das richtige Maß an Bewegung erhält. Und schließlich: Die ökonomische Sicherheit wird dadurch sichergestellt, dass nicht mehr Geld ausgegeben wird wie vorhanden und dadurch ein entspannter Umgang mit der Lebensressource Geld gegeben ist.

Partnerschaft	**Arbeit**	**Freizeit**
Familie Ernährung Körper/Vitalität	Zukunfts- perspektive Geld	Bewegung/Sport Freundeskreis Körper/Vitalität

Ein Leben wird gesund sein und bleiben, wenn alle Bereiche sich in Balance zueinander befinden, sodass jeder Bereich seine Berechtigung hat. Damit ist nicht gemeint, dass immer und jederzeit alle Bereiche gleichzeitig aktiviert sein müssen, sondern dass in einem zeitlich überschaubaren Rahmen alle Bereiche bereichert werden. Und dies immer, ohne dass diese Bereicherung auf Kosten eines Mitmenschen geht. So entsteht ein Klima, welches Entwicklung und Entfaltung mit einem hohen Grad an Zufriedenheit verbindet – und vielleicht auch die Basis für persönliches Glück bildet.

Wenn dies der Fall ist, wünsche ich Ihnen ein gesundes, langes und genussreiches Leben mit Bereicherung durch glückliche Momente und Situationen.

III Das Rückfall-Schutzprogramm

Wenn sich ein Mensch einmal im Burn-out-Zustand befunden hat, sollte er sich Gedanken machen, wie es zu verhindern ist, dass sich eine solche Situation wiederholt. Dabei ist es wichtig, sich ein eigenes Schutzprogramm aufzubauen.

Selbstbelohnung

Belohnen Sie sich für Gelungenes! Ich selbst habe mir ganz konsequent ein Belohnungssystem geschaffen, das ich an mir anwende. So habe ich mir – vielleicht mag es Ihnen lächerlich erscheinen – einen lang gehegten Wunsch erfüllt, nämlich mir einen eigentlich für meine Verhältnisse teuren Rasierpinsel geschenkt, als ich die 20-Kilo-Marke bei meiner Körpergewichtsreduktion geschafft hatte. Und diesen Pinsel darf ich nur benutzen, wenn ich mich an meinen Plan gehalten habe. Dieses Prinzip gilt auch für andere Lebensbereiche, zum Beispiel für meine Hobbys, die ich als Ausgleich betreibe.

Fremdüberprüfung

Suchen Sie sich einen Menschen Ihres Vertrauens, mit dem Sie in regelmäßigen Abständen ehrlich Ihre Situation und Ihr Verhalten auf den Prüfstand stellen. Nur so lässt sich vermeiden, dass sich unangenehme Verhaltensweisen einschleichen. Die Vertrauensperson kann Ihr bester Freund oder Ihre beste Freundin sein, das kann in guten Partnerschaften sogar der Ehemann oder die Ehefrau sein (es darf auch ein Coach sein). Voraussetzung: Klare Abmachungen und ein von vornherein definierter Umgang, was zu geschehen hat, wenn die Fremdmeinung einmal von der Selbsteinschätzung abweicht. Dies sollten Sie sich in Form eines Vertrages mit sich selbst versprechen.

Selbstcoaching-Plan

Setzen Sie sich Ziele in Bezug auf Ihr eigenes Verhalten. Diese Ziele sollten das Ergebnis des Coachingprozesses sein, den Sie mit sich selbst oder mit einem Coach durchgeführt haben. Hören Sie nicht auf, an sich zu arbeiten, und freuen Sie sich, wenn Sie Ziele erreichen. Dieses Vorhaben sollten Sie unbedingt schriftlich fixieren. Nachdem Sie Ihr großes Ziel aufgeschrieben haben, sollten Sie dieses in kleine Schritte, in Teilziele unterteilen und sich dann die Frage stellen, woran Sie merken, dass Sie das Ziel erreicht haben. Sie haben dabei die Möglichkeit, recht präzise das Ergebnis Ihres Tuns zu beschreiben, was eine wichtige Voraussetzung für die Zielerreichung ist. Und dann fallen Ihnen sicher auch ganz leicht die nötigen Maßnahmen ein, die Sie selbst planen und in Angriff nehmen können, um Ihr Ziel zu verwirklichen.

Achten Sie auf die kleinen Hinweise

Was sind Ihre persönlichen Stresserkennungsmerkmale? Die Chance, dies herauszufinden, ist nach einem Burn-out hoch, da der Burn-out-Vorgang Sie viel drastischer als sonst im Leben mit diesem Thema in Berührung bringt. Wird Ihre Kommunikation schlechter? Sind Sie leichter gereizt? Wollen Sie nachts nicht mehr ins Bett? Haben Sie mehr oder weniger Appetit? Greifen Sie häufiger zu Suchtmitteln?

Seien Sie ehrlich mit sich selbst und beobachten Sie sich genau. Und wenn Sie den Verdacht haben, dass es für Sie wieder schlechter läuft, entstressen Sie sich.

Regelmäßige Gelassenheit und Entspannung mit Neuroimagination

Nutzen Sie die Neuroimagination, um sich regelmäßig zu entspannen. Wenn Sie dies nicht erst dann tun, wenn es schon zu spät ist, sondern Sie diese Methode regelmäßig in Ihren Alltag einbauen, wird sich Ihr Leben leichter und gelassener anfühlen. Denken Sie daran, dass Tiefenschlaf die wichtigste körperliche Burn-out-Prophylaxe ist. Auch in Anspannungssituationen direkt für Gelassenheit zu sorgen, bringt nicht nur bessere Ergebnisse, sondern sorgt auch dafür, dass die Entspannung viel schneller einsetzt. Täglich zwölf Minuten Neuroimagination – ein alltagstaugliches Werkzeug, das Ihr Leben bereichert.

Schlussgedanken

Jetzt, wo ich diese Zeilen schreibe, ist es eineinhalb Jahre her, dass ich mich meinem eigenen Burn-out durch einen Niereninfarkt stellen musste. Und wie geht es mir heute, wie ist mein persönlicher Stand?

Wenn ich am Anfang des Buches von fünf Tagen schreibe, die es dauert, um wieder in seine Kraft zu kommen, dann kann ich nun sagen, dass darüber hinaus eine tief greifende, lebensandauernde Veränderung nötig ist, damit die wiedererweckten Kräfte langfristig für Gutes genutzt werden können. Jedenfalls hat sich das bei mir so gezeigt. Wenn ich zurückblicke, was sich in meinem Leben alles geändert hat und wo ich heute stehe, dann hat bei mir ein großer Umbruch stattgefunden.

Alles ist anders. Ich habe 25 Kilo abgenommen, meine Blutwerte sind im Normbereich und ich bin laut meiner Ärztin aus der Gefahrenzone. Aber es fällt mir richtig schwer, das Gewicht zu halten. Besonders dann, wenn das Leben mich voll fordert, muss ich mich enorm bemühen, dass ich mein Bewegungsprogramm nicht vernachlässige. So kann ich im Moment viel besser würdigen, welche Leistung wir Coachs unseren Coachees immer wieder abverlangen. Und ich merke an mir selber, dass automatisch der Appetit und die Lust auf Kohlenhydrate steigen, wenn ich nur zwei Wochen nicht konsequent mein Sporttraining (Fahrradfahren, Joggen, Hometrainer) durchführe. Kohlenhydrate habe ich übrigens konsequent von meiner Speisekarte außer beim Frühstück gestrichen.

Die Freude und Lust an der Bewegung entschädigt mich dafür aber immer wieder, und es ist für mich heute unfassbar, wie ich das vergessen und meinen Körper mit seinen Bedürfnissen so lange missachten konnte. Auch staune ich über meine eigene, jetzt aufgelöste Realitätsverzerrung, die es mir erlaubte, ohne wirklichen Grund Jahre meines Lebens mit 25 Kilo zusätzlichem »Ballast auf den Schultern« durchs Leben zu gehen.

Konsequenterweise habe ich die berufliche Situation von mir kritisch hinterfragt und Konsequenzen gezogen: Die Geschäftsführung und mein Verwaltungsratspräsidium der von mir gegründeten Firma habe ich in andere, kompetente Hände gelegt. Ein schwerer, aber enorm wichtiger Schritt für mich und die Firma. Für mich, um aus der permanenten Überforderungssituation herauszukommen, und für die Firma, damit sie eine dem Wachstum angemessene Führung bekommt. Rückblickend muss ich auch gestehen, dass ich als Chef »heiß gelaufen« war. Und als heiß gelaufener Chef habe ich es verpasst zu sehen, dass meine Organisation mit mir gleichzog und ebenfalls heiß lief. So ist trotz enormen Erfolgs für die gecoachten Menschen der wirtschaftliche Erfolg meiner Firma bis jetzt eher kritisch zu beurteilen. Somit habe ich auch noch diese finanzielle Burn-out-Folge, vor der ich als Coach ständig gewarnt hatte, persönlich erfahren. Schön, dass die neue Führungsmannschaft mit so viel Elan das von mir Begonnene weiterführt.

Ich kann mich nun auf die Tätigkeiten konzentrieren, die ich am besten kann und die mir am meisten Spaß machen. Neues auszuprobieren, Problemlösungen zu erkennen und Projekte zu initiieren, kann ich wieder ins Zentrum meiner Aktivitäten stellen. Mit Menschen arbeiten, Persönlichkeiten entwickeln, zum einen im Coaching, zum anderen in der Ausbildung von Coachs. Und ich freue mich, dazu wieder mehr Zeit zu haben.

Neben der radikalen Veränderung meiner beruflichen Situation wohne ich auch an einem neuen Ort, den ich mir unter neuen Kriterien gesucht habe. Der Entspannungsfaktor steht nun an erster Stelle, dafür habe ich eine zentrale Wohnung mit Mobilitätsfaktor an erster Stelle aufgegeben. Ja, und ich habe tatsächlich auch wieder Zeit für mich und für Beziehungen, für Freunde und Kollegen. Es gibt so viele nette Menschen, für sie und in sie investiere ich am meisten.

Ausblick

Bleibt zum Schluss noch die Frage, was geschehen müsste, damit burn-out-ähnliche Zustände gar nicht mehr entstehen.

Ich bin der festen Überzeugung, dass es möglich ist, einen anderen Umgang mit Belastungen und deren Auswirkungen zu erzeugen. Dazu müssten sich grundsätzlich die Haltungen ändern, die unsere Prägung begründen. Und dazu braucht es einige Paradigmenwechsel. In meinem Buch *Trauma-Bewältigung* habe ich dazu am Schluss vier Kurzgeschichten verfasst, die diese veränderte Welt beschreiben.

Was wäre, wenn im Bewusstsein der Welt mit ihren Fachdisziplinen Medizin, Psychologie, Psychiatrie, Pädagogik, Soziologie, Sozialarbeit, Juristerei und Polizei fest verankert wäre, dass die hormonelle Stressauswirkung die Wahrnehmungsfähigkeit des Menschen mit seinen Tausenden von Rezeptoren von der Sinnesaufnahme aller Sinneszellen beeinflusst und somit die Ursache der Wahrnehmungsveränderung ist? Wie wäre es, wenn diese Welt akzeptiert, dass der Mensch ein hochkomplexes System ist, welches durch eben diese Wahrnehmung in seiner Gänze gesteuert wird?

Welche Konsequenzen hätte es, wenn die Welt akzeptieren könnte, dass unverarbeitete Belastungen – auch wenn sie nicht die Psychotraumakriterien erfüllen – einen eigenen, gespeicherten Stressfaktor bilden können, der die Wahrnehmung und somit die ganze Funktionalität des Menschen stört? Welche Auswirkungen hätte dies auf die Diagnosestellung? Würden dann, wenn sich die Fachwelt konsequent diesen Themen stellt, die Behandlungsansätze neben der Symptombehandlung vermehrt auch Ursachenbehandlungen berücksichtigen?

Ja, es tun sich eine Menge Fragen auf, die auf einen Diskussionsbedarf hinweisen. Unternehmen, Politik und Kostenträger haben ein Interesse daran, dass Gesundheitsprophylaxe eine wichtige Größe mit echter, nachvollziehbarer Wirkung wird. Bedenkt man, dass 70 Prozent aller Erkrankungen in Deutschland funktionale Störungen sind und nur 30 Prozent »Hardware-Erkrankungen«, deckt sich diese Zahl mit der Angabe der WHO, dass 70 Prozent aller Erkrankungen in Zivilisationsgesellschaften Stress als Ursache haben.

Wenn man dies alles ernst nehmen würde, erforderte dies in der Zukunft vom Kindergarten an bis zur letzten Erwachsenenausbildung die Vermittlung von Stresskompetenz als Hauptfach. Die Auswirkungen auf unser Krankheits- und Heilungsverständnis würden genauso ins Auge springen wie die Auswirkungen auf unsere Entwicklungs- und Wachstumsmöglichkeiten. Dann wäre klar, dass »mit Stroh im Kopf, mit Matsch in der Birne« (so einer meiner Kunden zu seinem Stresseigenempfinden) und mit eingeschränkter Konzentrationsfähigkeit ein Kind schlechter lernt, Aufgaben unglaublich schwierig erscheinen, die Einstellung auf eine veränderte Welt schwer und Höchstleistung nur eingeschränkt möglich ist sowie jede Heilung langsamer und schlechter vonstattengeht.

Wenn die NeuroStressFragmentierung als Ursache der Sinnesreiz-Desorientierung mit den in diesem Buch am Thema »Burn-out« beschriebenen Auswirkungen nur als *ein* Beispiel neben anderen, bisher unerklärbaren Symptomen und Leiden begriffen wird, zeichnen sich für viele bisher nicht verstandene Phänomene Lösungsideen ab. Den betroffenen Menschen wäre dies zu wünschen. Denn es ist meist weit einfacher, das wunderbare »Selbstreparatur-Programm« zu aktivieren, als gegen eine Erkrankung, gegen eines oder mehrere Symptome zu kämpfen.

Ich wünsche uns allen eine angeregte Diskussion und einen bewussten und veränderten Umgang mit dem, was uns die Natur auf wundersame Weise zum Überleben von Belastungen mitgegeben hat: Stress.

Dank

Dieses Buch wäre nicht möglich gewesen ohne die vielen Menschen, die sich vertrauensvoll mit ihrer Geschichte und Thematik an mich und meine Mitarbeiter und Mitarbeiterinnen gewandt haben. Die Fallbeispiele basieren auf realen Begebenheiten, sind aber so verfremdet, dass Rückschlüsse auf reale Personen unmöglich sind. Danke.

Weiterhin möchte ich Danke sagen an Astrid, Steffi, Simon, Lisa, Reiner, Peter, Markus, Dominique. Ohne eure Unterstützung hätte ich dieses Buch nicht geschrieben. Weiterhin danke ich meinen Mitarbeitern und Mitarbeiterinnen. Ohne euch wäre eine Wirkung, wie im Buch beschrieben, nicht möglich. Danke auch dafür, dass ihr immer dann, wenn mir der Mut fehlte, mich motiviert habt, weiterzumachen.

Danke auch an meine Coachingausbildungs-Teilnehmer und -Teilnehmerinnen. Durch ihre Fragen und ihre kritischen Stimmen habe ich wieder sehr viel lernen können.

Adressen

Nachfolgend einige Adressen zum Thema »Stresskompetenz und Burn-out«. Sie setzen die im Buch beschriebenen Konzepte konkret in ihrer Arbeit um:

Brainjoin DE AG
Coachingcenter Hamburg
Kattrepelsbrücke 1
20095 Hamburg
Tel. +49 (0) 40 30 09 23 33
info@brainjoin.de
www.brainjoin.de

Brainjoin AG
Werkstr. 1
CH-9500 Wil
Tel. +41 (0) 71 911 59 55
info@brainjoin.ch
www.brainjoin.ch

Brainjoin Akademie

- Ausbildung zum Neuroimaginationscoach®
  (anerkannt vom DBVC)
- Seminare »Kein Stress mit Stress – Klarer Kopf«

In dieser Seminarreihe erlernen Sie den Umgang mit Stress. Sie werden unter Stress klare Entscheidungen treffen können, adressatengerecht kommunizieren und Ihre Ziele nicht aus den Augen verlieren.

Infos:
Kattrepelsbrücke 1
20095 Hamburg
Tel. +49 (0) 40 30 09 23 33
info@brainjoin.de
www.brainjoin-akademie.de

h4f Consulting AG
Health4future
Bächerstr. 42
CH-8806 Bäch
info@h4f-consulting.ch
www.h4f-consulting.ch

Coachinghotel Kell am See
Ein besonderer Ort der Ruhe und Kraft, zum Entspannen, Ausruhen und um zur Kraft zu kommen. Hier finden Coachings, Intensivcoachingangebote, Gesundheits-Check-ups und Stressseminare statt:

Seeuferweg 1
54427 Kell am See
Tel. +49 (0) 65 89 181 00
www.coachinghotel.ch

ars medic
»Die Kunst, gesund zu bleiben«
Medizinische Check-ups
Burn-out- und Stressprogramme
Im Coachinghotel Kell am See (s.o.)
www.arsmedic.de

Literatur

Badura, Bernhard; Schröder, Helmut; Klose, Joachim; Macco, Katrin: *Fehlzeiten-Report* 2009. *Arbeit und Psyche: Belastungen reduzieren – Wohlbefinden fördern*. Berlin: Springer 2009

Bauer, Joachim: *Das Gedächnis des Körpers. Wie Beziehungen und Lebensstile unsere Gene steuern*. München: Piper, 15. Aufl. 2009

Berndt, Frank H.: *30 Minuten gegen Burn-out*. Offenbach: Gabal, 2. Aufl. 2008

Behle, Bettina; Sciurba, Giovanni: *Die Hase- und Igelstrategie für Jobsuchende. Mut machende Geschichten vom Arbeitsmarkt*. München: Heyne 2007

Burisch, Matthias: *Das Burnout-Syndrom. Theorie der inneren Erschöpfung. Zahlreiche Fallbeispiele. Hilfen zur Selbsthilfe*. Berlin: Springer, 3., überarb. Aufl. 2005

Cherniss, Cary: *Staff Burnout. Job Stress in the Human Services*. Beverly Hills, CA: Sage 1980

Colombani, Paolo: *Fette Irrtümer. Ernährungsmythen entlarvt*. Zürich: Orell Füssli 2010

Emener, William G.: »A theoretical investigation of the construct burnout«, in: *Journal of Rehabilitation Administration*. 1982, S. 188–196

Fengler, Jörg: *Helfen macht müde. Zur Analyse und Bewältigung von Burnout und beruflicher Deformation*. Stuttgart: Klett-Cotta, 7. Aufl. 2008

Freudenberger, Herbert: »Das Erschöpfungssyndrom von Mitarbeitern in alternativen Einrichtungen«, in: Petzold, Hilarion; Vormann, Gernot (Hrsg.): *Therapeutische Wohngemeinschaften. Erfahrungen, Modelle, Supervision*. München: Pfeiffer 1988, S. 88–104

Freudenberger, Herbert; North, Gail: *Burnout bei Frauen. Über das Gefühl des Ausgebranntseins*. Frankfurt/M.: Fischer-TB 1994

Grönemeyer, Dietrich: *Mein Rückenbuch. Das sanfte Programm zwischen High Tech und Naturheilkunde*. München: Goldmann 2008

Hedderich, Ingeborg: *Burnout. Ursachen, Formen, Auswege*. München: C.H. Beck 2009

Heinl, Hildegund; Heinl, Peter: *Körperschmerz – Seelenschmerz. Die Psychosomatik des Bewegungssystems. Ein Leitfaden*. München: Kösel, 4. Aufl. 2009

Hillert, Andreas: *Das Anti-Burnout-Buch für Lehrer*. München: Kösel, 4. Aufl. 2009

Hohensee, Thomas: *Gelassenheit beginnt im Kopf: So entwickeln Sie einen entspannten Lebensstil*. München: Droemer Knaur 2007

Hüther, Gerald: *Bedienungsanleitung für ein menschliches Gehirn*. Göttingen: Vandenhoeck & Ruprecht, 9. Aufl. 2009

Hüther, Gerald: *Biologie der Angst. Wie aus Stress Gefühle werden*. Göttingen: Vandenhoeck & Ruprecht, 9. Aufl. 2009

Hüther, Gerald: *Die Macht der inneren Bilder. Wie Visionen das Gehirn, den Menschen und die Welt verän-*

dern. Göttingen: Vandenhoeck & Ruprecht, 5. Aufl. 2009

Kaluza, Gert: *Stressbewältigung. Trainingsmanual zur psychologischen Gesundheitsförderung*. Berlin: Springer 2004

Keleman, Stanley: *Verkörperte Gefühle. Der anatomische Ursprung unserer Erfahrungen und Einstellungen*. München: Kösel, 4. Aufl. 2004

Kolitzus, Helmut: *Das Anti-Burnout-Erfolgsprogramm. Gesundheit, Glück und Glaube*. München: dtv 2003

Kraemer, Horst: *Das Trauma der Gewalt. Wie Gewalt entsteht und sich auswirkt. Psychotraumata und ihre Behandlung*. München: Kösel 2003

Kraemer, Horst: *Trauma-Bewältigung: Wege aus der persönlichen Katastrophe*. Zürich: Orell Füssli 2005

Kraemer, Horst; Wichmann, Astrid: *Schleudertrauma. Lösungswege für eine schwer fassbare Unfallfolge*. Zürich: Orell Füssli 2006

Kypta, Gabriele: *Burnout erkennen, überwinden, vermeiden*. Heidelberg: Carl-Auer-Systeme, 2. Aufl. 2006

Lewitan, Louis: *Die Kunst, gelassen zu bleiben. Den Stress meistern. Erkundungen bei den Besten*. München: Ludwig 2009

Matsakis, Aphrodite: *Wie kann ich es nur überwinden? Ein Handbuch für Trauma-Überlebende*. Paderborn: Junfermann 2004

Pines, Ayala; Aronson, Elliot; Kafry, Ditsa: *Ausgebrannt. Vom Überdruss zur Selbstentfaltung*. Stuttgart: Klett-Cotta, 10. Aufl. 2007

Rauen, Christopher: *Coaching*. Göttingen: Hogrefe, 2. Aufl. 2008

Rauen, Christopher (Hrsg.): *Coaching-Tools. Erfolgreiche*

Coaches präsentieren 60 Interventionstechniken aus ihrer Coaching-Praxis. Bonn: managerSeminare, 6. Aufl. 2008

Rosenberg, Jack L.; Rand, Marjorie L.; Asay, Diane: *Körper, Selbst & Seele. Ein Weg zur Integration*. Paderborn: Junfermann, 2. Aufl. 2008

Satir, Virginia: *Kommunikation, Selbstwert, Kongruenz. Konzepte und Perspektiven familientherapeutischer Praxis*. Paderborn: Junfermann, 7. Aufl. 2004

Schmidt, Gunther: *Liebesaffären zwischen Problem und Lösung. Hypnosystemisches Arbeiten in schwierigen Kontexten*. Heidelberg: Carl-Auer-Systeme, 2. Aufl. 2007

Schreyögg, Astrid: *Coaching. Eine Einführung für Praxis und Ausbildung*. Frankfurt/M.: Campus, 6. Aufl. 2003

Schröder, Jörg-Peter: *Wege aus dem Burnout: Möglichkeiten der nachhaltigen Veränderung*. Berlin: Cornelsen, 2. Aufl. 2008

Storch, Maja: *Machen Sie doch, was Sie wollen! Wie ein Strudelwurm den Weg zu Zufriedenheit und Freiheit zeigt*. Bern: Hans Huber 2009

Storch, Maja u.a.: *Embodiment. Die Wechselwirkung von Körper und Psyche verstehen und nutzen*. Bern: Hans Huber, 2., erw. Aufl. 2010

Thiele, Albert: *Argumentieren unter Stress: Wie man unfaire Angriffe erfolgreich abwehrt*. München: dtv 2007

Unger, Hans-Peter; Kleinschmidt, Carola: *Bevor der Job krank macht. Wie uns die heutige Arbeitswelt in die seelische Erschöpfung treibt – und was man dagegen tun kann*. München: Kösel, 5. Aufl. 2009

Wichmann, Astrid: »Schmerzzustände als Folge von Traumatisierung«, in: *Krankengymnastik*, 57. Jg., Nr. 4/2005

Witterstätter, Kurt; Stumpf, Klaus: *Soziale Beziehungen. Gesellschaftswissenschaftliche Grundlagen für die Soziale Arbeit.* Köln: Luchterhand, 2. Aufl. 2002

Zangger, Peter; Erb Egli, Daniela (Hrsg.): *Die verunfallte Psyche. Psychische Schäden als Unfallfolge.* Zürich: Elster 1999